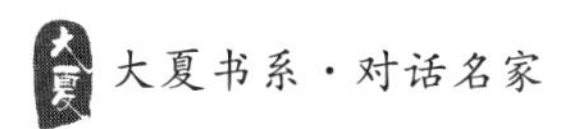

相信教育，相信未来

——14位中外名家访谈录

王珺 著

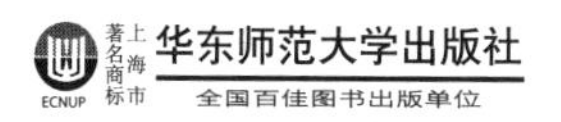

目 录

上编 生命在歌唱

中编　心中有风景

下编　背景是星空

序 一

王珺是《中国教育报·读书周刊》的主编，是一位文笔很好的记者、编辑，采写发表过不少教育界、文化界的人物报道，产生了较大的影响。现在华东师范大学出版社拟把她采写的这些人物报道汇集出版，书名为《相信教育，相信未来》。我觉得这是非常有意义的事。

教育是人类社会的重要活动，它担负着传承老一辈的生产经验和社会实践经验的任务，为当代社会和未来社会培养人才。今天在校的学生，几年以后走向社会，将成为社会发展的新生力量。年轻一代掌握着未来社会的命运，决定着未来社会的发展。正如毛泽东 1957 年在莫斯科对留学生讲的："世界是你们的，也是我们的，但归根到底是你们的。"因此，教育是未来的事业，是为未来社会培养人才。《相信教育，相信未来》这个书名选得好。相信未来，就要相信教育，没有教育，也就没有未来。但是我们的教育能够担负起使未来可持续发展的责任吗？什么样的教育才能真正为未来社会提供合格人才呢？这是教育界人士应该时刻思考的问题。

本书中大部分受访者是教育知名人物，作者报道了他们的教育理想和实践经验，展示了他们的风采，提高了我们对教育的信心。可以看到，不论在中国，还是在外国，都有一批有情怀的教育学者，他们追求教育的真谛，探索着教育未来之路。书中的受访人物，我大都熟悉，恕我因视力不佳，不能通读全书。作者要我写几句话，是为序。

2017年3月31日

序　二

某种意义上说，好的访谈文字承担的亦是心灵摆渡者的工作，它甚至毫无猎奇之意，也决不作简单粗略的记录与呈现，它是生命的摄像，细微而诚恳地把人带到被访问者丰富、复杂而精彩的灵魂深处。

王珺的写作一定也有这样的自觉，我在看文稿时最深的感受就是，读这些文字“既亲切而又有热烈的触动”，她写的都是“重要人物的重大事件”，也可以说这些人物构成中国教育“当代性”的一个重要侧面，他们中的很多人深深影响了今天教育的面貌，而且，他们也曾给我带来过不少的影响与启迪。

在 14 位人物中，对我影响最大的是叶澜老师，我第一次读到她的《让课堂焕发出生命活力》时，产生了“中国基础教育即将被她改写”的震撼感，当然这也是我对教育变革一种天真的想象。1997 年，叶老师到泉州讲学，我慕名前往听课与拜访。叶老师听说我与同行的余文森均毕业于华东师大，她说的第一句话就是“我们一起来建华东师大教育学派吧”。说实话，叶老师的学术自觉与学派建设意识当时我并不能有更深的理解，但听她的讲座、读她的书从此成了我教育生命成长的一个重大事件。2002年，我曾在一篇文章中这样写道：

之一：“叶澜”，是一个人的名字，但我们从字面上无从辨别其年龄和性别，一般地说，这问题不大，但当你要整体性地把握今天中国基础教育的时候，这个姓名就显出极为重要的意义：是问询与前行的路径，是精神启示，是一种鼓舞；不过，要成为“叶澜”的同路人，也不是容易的事。我想，实际上一切都是显而易见的。

之二：有位年轻的教师听完叶澜的报告，说自己的灵魂长高了。他可能太着急了，灵魂没有这么容易长高，叶澜的报告或许会使灵魂变得恍惚，这是偶然会遇到的事，像是一个奇迹。但灵魂终归属于自己的肉体，肉体的现实性很难有什么奇迹可言，却真的有种震撼使人无法自持，其实是博大的灵魂寻找着与自己相配称的追随者。

之三：叶澜教授说我们的课堂教学常常为一只无形的手所操纵，这只手就是教案、教参和标准答案：课堂教学漠视生命的存在，生命的价值，而沦为完成教案、教参和标准答案的课堂剧；其实，还有另一只手更为可怕，即根深蒂固的意识形态化的倾向，它无视一切丰富性、多样化、多元化、个性化的价值取向，唯我独尊，成为毋庸置疑的绝对真理，然后使所有的思想变得渺小，所有的学习者变得顺服，所有的教育目标变得整齐划一。最后的结果则是这样的教育培养出来的人是根本不可能完成伟大事业的。

之四：在上海的叶澜教授不会想到她的《让课堂焕发出生命活力》在福建的传播如此广泛，她赢得了自己的“同志”，漳浦的林瑞聪给我挂电话，“我是流着泪读完的”。这是献给战士最好的奖品。

这位中国教育界稀有的浪漫主义者很多动人的思想，现在会时时划过我的脑海，仿佛因此我获得了一种新的空间结构：每一次都是重新相遇，每一次都是有意味的开启。就像一棵树超出了自己。

·

叶澜老师早有期许、用心营构的教育学派，今天已蔚成大树，在王珺笔下记录的诸多名家的评价也是恰当之词，在我看来，叶澜的教育学也是希望与相信的教育学，诗意荡漾，直扑人性。

朱永新老师亲切的眼神、爽朗的笑声、热情的话语方式确实是他魅力的一部分，我第一次在福州见到他时就深深被他吸引。他告诉我们他刚刚创办了“教育在线”，要做新教育实验。也可以说这十几年来我一直是新教育实验的关注者与阅读者，令人惊奇的是“教育在线”曾产生的巨大影响力，今天中国基础教育最有激情与创造力的中青年教师几乎都受过它的滋润与激荡，新教育实验更成为“现象级”的教育变革行动，朱老师事实上也成了为中国教育发声的最重要的官员与学者之一。当然朱老师也是个有些争议的人物，这关乎他的身份与学术，他的新教育实验规模与科学性，等等。朱老师面对各种质疑都心地坦荡，直言回应，他是真心希望教育变好的人，他也极其明晰自己的使命，某些限制与矛盾恰恰构成了他的自信与开阔。而这些，在王珺对他的两篇访谈中都有所展现。

柳斌先生、魏书生先生，都是对当代教育颇具影响的人物，王珺的笔触则帮助我们认识了在各种光环之下他们更为质朴与真实的一面。在中国特殊的语境中，矛盾与复杂是人性的常态，正是对教育、教师还有教学的真挚情感使他们生命的意义变得更为精彩。李吉林、蔡林森两位老师对教育事业的执著与奋斗不息的精神，也同样帮助他们成就了自己最动人的一格。

王珺还采访了全美最佳教师罗恩·克拉克。克拉克的“55条班规”曾经给我很深的震撼和启迪，后来我在佛山跟他有过面对面的对话。他的上课方式，给我留下了非常深的印象，手舞足蹈，自由畅快，没有好的身体是很难像他那样上课的。那天，我跟他约好课后一起聊几句，到了约定时间，我去找他，发现他不在。翻译告诉我，克拉克正在隔壁房间跟一个孩子谈话。我很好奇，就向翻译打听到底怎么回事。翻译说，那个孩子在课堂上做小老师时只关注到跟他一起来的七位美国同学，而没有去关注其余20多位中国同学。

听到这里，我感到非常惊讶，在我看来，那个孩子上课自信流畅，极其精彩，他之所以不关注中国同学，是因为那些中国同学确实不在上课的状态。但罗恩·克拉克关注的却是更高层面的东西，作为一个教师，他要求“上课者”首先眼睛要看到每一个人，然后还要努力跟每一个人交流，去激发每一个人的学习情绪。

罗恩·克拉克既富有激情又极为严谨，这样的教学态度令我敬佩。他身上有一种属于教师的职业自觉，他非常清楚自己的使命与责任，绝不放过任何可能会对教育效果发生影响的细节。当我思考什么样的老师是好老师的时候，我首先会想到罗恩·克拉克的这份自觉。

从对14个采访对象的访谈中，我能感受到王珺作为采访者所经历的“在场”，尤其在百岁老人周有光先生的访谈文章中，我更是清晰地看到她的细致观察和细腻感受经由准确的叙述抵达时间的深处、人物的内心。

今天我们一谈到周有光，就会说他是“汉语拼音之父”，但我作为他的普通读者，最为他那堪称伟大的人格所感动。他诚恳素朴的待人方式，泰然自若的处世态度，以及他的亲切与幽默，都构成某种积极的、极富魅力的生命状态。周有光先生的一生也很好地向我们展示了何谓“仁者多寿”。

王珺是教育媒体的记者、编辑，她所采访的这14个人物，也都跟教育有着或多或少的关系，可以说，她是在自己熟悉的领域访谈自己熟悉的人。在访谈中，她清晰地知道自己关心什么，要问些什么，但她也是一个善体人意的人，有时她会把问题问得很含蓄。同时，她又不是一个炫技的访谈者，而是一位忠实的记录者。她不多言，无意在访谈中展示自己的才华与学识，而是努力呈现访谈对象最真实的一面。可以说她一直放置信任与希望于自己的笔墨，看似素朴平易，细细品读却又会被她带动，对教育与人生的态度也明亮了许多。

张文质

2017年4月4日

上编
生命在歌唱

叶澜：让生命唱歌

叶澜：华东师范大学教育学终身教授，首创并主持“新基础教育”研究与“生命·实践”教育学派建设30余年。出版专著《教育概论》《教育研究方法论初探》和《“新基础教育”论》等。

钱钟书先生在《围城》中描述的当时大学里对教育学的揶揄，一直是许多做教育学研究的学者心头无奈的痛。但教育学者叶澜却以此身份为荣，出席会议签到时，特地突出“教育学教授”的身份。从进入大学，教育学就是她的“学术兴奋点”，并成为她终身奉献的事业。

在教育学面前，其他学科的学者更易摆出轻慢或救世主的姿态。这种处境下，叶澜既不像“教育学界内的一些伶俐秀慧者，跳出没有学术地位的教育学界”，当然更没有转身后对教育学界冷嘲热讽。她认识到，“世界上没有救世主，只有靠我们自己”。她在不同的场合说过同样的话：“我们要努力让教育学自尊起来，让其他学科感到教育学是有用的。”

生命哲学家齐美尔用“生命比生命更多”“生命超越生命”来说明生命的生生不息和创造性的超越。华南师范大学教授扈中平如此评价：“生命·实践”教育学派历经30年，不仅硕果累累，同时也是学派创始人叶澜自我生命的绵延，是她生命冲动、生命之流的生动呈现。

作为标志性成果，“基本理论研究”（华东师范大学出版社）、“当代中国基础教育学校变革研究”（福建教育出版社）、“合作校变革史”（福建教育出版社）三套“生命·实践教育学论著系列”丛书于2015年出版。从叶澜的著作和生成这些著作的实践中，不难发现，她与教育学的相遇是生命与生命的相遇，她领导的“新基础教育研究”呈现的气质与她个性中自信、自得、深情、率真、诗意、陶醉的生命特质不谋而合。扈中平教授认为，这种完美的契合，皆因二者建立在生命自觉这一共同的根基之上。

教育学的原点是对生命的体悟

在“基本理论研究”丛书首卷《回归突破：“生命·实践”教育学论纲》一书中，叶澜以“教天地人事，育生命自觉”作出了“生命·实践”教育学派对“教育是什么”的中国式表达——

教育是基于生命、直面生命、通过生命所进行的人类生命事业。生命是教育的“魂”，实践是教育的“行”，学校（以及其他教育组织、机构）是教育的“体”。教育是一项充盈着人的生命的人类实践活动。

1997年发表的《让课堂焕发出生命活力》被认为是国内第一篇从生命的视角探讨教学活动的文章。叶澜坦言，这篇文章之所以会触动这么多学校和教师，可能是因为它触及了教育的基础性问题、原点问题，并且与教师们的教育体验和生命体验联系在了一起。

叶澜领衔的“新基础教育”研究始于20年前，在试行“新基础教育”的学校听课的时候，在与许多教师、学生交流的时候，叶澜深切地感受到“生命”对于教育的重要性。

面对当时颇为普遍的课堂“沙漠化”，叶澜意识到，对学生作为个体的特殊性以及个体生成方式的忽视，导致了教育和教学成为重复性的机械劳动，成为不需变革的一次次封闭的循环过程。与此同时，教师的生命价值也不同程度地被挤压、被遮蔽、被忽视了。

以“生命”为切入点研究教育，来自叶澜注重生命体验、关注个体生命的自觉。她常常从自己的成长经验出发，观照教育研究的对象。

“我小时候很调皮的。”活泼的语调使她跳脱出学者给人的通常印象。她主张对儿童的认识既不要神化也不要矮化，教育不能简单地从一端到另一端。

教育学不仅坐而论道，更应“起而行道”

叶澜对“实践”的认识，贯穿了对“生命”的思索。她说：“教育学不仅是‘生命’的学问，或‘实践’的学问，而是以‘生命·实践’为‘家园’与‘基石’的学问。做教育学的学问，不能只是坐而论道，而要起而行道，‘论’是为了更好地‘行’。”

一是“上天工程”，进行抽象的理论构建与研究；二是“入地工程”，到中小学课堂中做研究；三是关注人的生命价值，尤其是学生的主动性与能动性，通过唤醒学生的主体性来激发真正的人性。这是西北师范大学教授王鉴为“生命·实践”教育学总结的三个基本支柱，他将此命名为教育研究的“叶澜之路”。

西南师范大学张诗亚教授更是用“一脚一脚跑出来的”这样质朴的语言描述叶澜教育研究的实践路径。

早在上世纪80年代末，在提出教育学需要有以提升理论水平和自我意识为目标的所谓“上天工程”的同时，叶澜就提出了“入地工程”，深入到实践中去研究教育问题。据叶澜曾经的学生、华东师大教授李政涛介绍，叶澜探索的第一步是和陈桂生教授一起在上海的十所学校开展大面积提高教育质量的综合调查，这个项目持续了近两年时间。这使叶澜深深体会到实践工作者所具有的独特实践智慧，对教育理论研究者来说，这些智慧弥足珍贵。

1991年在一所小学进行的“基础教育与学生自我教育能力的发展”课题研究是她的第二个“入地工程”。李政涛说，第二次“入地”，比第一次“入地”更为深入，这个研究的结题报告后来被评为全国教育科研成果二等奖。

“这是我有生以来第一次，与一批有缘的中小学校长合作编写的一套丛书。”在“合作校变革史”丛书总序中，叶澜如此感慨，这套书是“写”出来的，也是“走”出来的。

“叶老师去合作校，一去就是一天，听完课就评课，下午跟教研室的老师开座谈会。”叶澜的老伴钟老师从大学退休后也跟着她跑学校，钟老师很享受这种跟孩子们、老师们打成一片的教育研究生活，他自称是研究团队的志愿者。

“新基础教育”研究真正体现了叶澜一以贯之的扎根意识和介入意识。20年来，她在中小学听了上千堂课，而且几乎对所有听过的课都有深入细致的互动式点评。李政涛说：“这种扎根式的投入，在教育学教授中是不多见的。”

作为合作校，上海市闵行区汽轮小学原来的基础比较薄弱，一度缺失骨干教师，本地生源流失，成为一所不自信的学校。校长王培颖说：“在叶澜教授及其团队的引领下，我们对教育理论的认识和教育价值的选择越来越清晰，而且努力将其‘化’到行动中，师生的精神面貌和实践能力一步步从消极走向积极。”在丛书的《校无贵贱》一书里，他们勇敢地喊出：不以贵贱论高低，要以自己的努力来改变学校的今天和明天！

东北师范大学柳海民教授评价叶澜的研究是充满人性关怀的，是有温度的教育研究。

构建超越生命的“学术自我”

叶澜的学生王枬记得，在1998年元旦的学术例会上，叶澜老师在《我的学术自我》主题报告中动情地说：“人生是生命的流程，是每个人用自己的活动书写的一本书……我选择的职业与我的人生在多重意义上实现了高相关：追求高质量的职业生活和高质量的人生。”

从叶澜的发言和文章中，很容易感受到她生命和个性的独特，有人说，她的言说、思想和行动本身，在某种意义上，也是“生命·实践”的产物。换个角度看，叶澜用自身经历诠释了“一个人的学术史就是生命史”的观点。

叶澜 1941 年出生于一个普通小学教师家庭，耳濡目染着父亲与学生们那种浓浓的师生情。“我是喜欢文学的，其次喜欢历史，第三是教育。但做老师就要懂教育，所以考大学时第一志愿选了教育。”从华东师范大学教育系毕业后，她以优异的成绩留校任教。最初两年是实践锻炼，在华师大附小担任语文教师和班主任。两年的小学教师生活，让她对基础教育形成了最初的“情结”。

与叶澜聊天，能够感受到她思维的敏锐和直觉的丰富，她给人的感觉是热情真挚、充满诗意的。作为教育学者的叶澜，除了学术文章，也写抒情文字。老伴不无自豪地说：“她的散文写得很好的，你看看她在《人民教育》杂志的专栏，上期发表了她写的《感谢芦花》。”

“人不是为了当作家才写，文学会给人启示，是读人的学问。我一直讲做教育的人要爱文学，要读懂人。”“很文艺”的叶澜这样理解教育与文学的关系。

叶澜喜爱读书，注重扎实的学术积累，广泛涉猎人文社会科学，尤为关注哲学。在《回归突破：“生命·实践”教育学论纲》一书的主要参考文献中所列出的155本著作，可以看作叶澜写作这本书时的阅读地图。

对不同学科的广泛涉猎，使叶澜将各种思想资源回流到“教育与教育学”这个阅读原点中。李政涛说：“多种路径的横向比较，使她能跳出既有的认识框架，站在更高的层面上，审视教育和教育学科的发展方向。而阅读原点的确立，则使她有了作为教育学研究者应该具有的强烈的学科自我意识，这种意识后来直接促使叶澜提出了有关‘教育学立场’的命题。与此同时，她将对教育的种种理解回到‘人的生命’这个思考原点上，这一原点贯穿于她整个的学术历程。”

叶澜鼓励学生多读书，尽可能地接触不同学科领域的知识。她认为教育学专业的学生往往局限于本专业的书籍，视野不宽，这势必会阻碍专业发展。同时，她也提醒学生，并非书读得越多越好。“我的一些酷爱读书的研究生容易犯两个毛病：一是喜欢赶时髦，今天流行海德格尔，就读海德格尔，明天来了哈贝马斯，就读哈贝马斯，成了学术上的追星族；二是容易陷入哲学、社会学等其他学科的语境中不能自拔，忘了自己的专业身份。”针对这种情况，她建议，一方面，不要以阅读的广度取代思考的深度；另一方面，要牢牢扎根于教育学的“家园”，不要做学术上的浮萍和墙头草。

74岁的叶澜教授笑声爽朗，她拿出手机与我分享她在上海闵行体育公园拍的照片。“你看，这叶子美吧？”“你看，这些小野花，你不注意的话，是发现不了的。”她把这组照片命名为

《留住春天》发到微信朋友圈，获得许多“赞”。“在哪里都能拍出好照片！”这位白发、花衣的老太太对自己善于发现瞬间之美的眼光不无得意。然后，她又回到专业的话题，“教育的问题是研究不完的，因为孩子天天在长。只要有发现问题的眼睛、有研究问题的心，样样皆可研究”。

刊于《中国教育报》2015年6月22日，原文标题为“教育学教授叶澜：让生命唱歌”

柳斌：教育是我人生辞典的关键词

柳斌：第十届全国人大常委会委员，教科文卫委员会委员，国家总督学顾问，中国教育国际交流协会会长。著有《关于素质教育的思考》《柳斌谈素质教育》等作品。

2004 年 9 月我去采访柳斌先生，先是把采访提纲送到他位于万寿路的家中，记得当时坐在他家客厅听到从另一个房间传来琴声，老人说小孙女在练琴。采访是在教育部他的办公室进行的。柳斌先生很认真，早已在我的采访提纲上标注了密密麻麻的小字提示，讲的时候也按提纲中的问题逐个回答，这使我后期的整理省了不少时间。老人讲话不疾不徐，我从他平和的语调中捕捉着他的人生关键词。

稿子写好后送他审的情形我仍有印象。那天下午，我从翠微小学接了儿子，一起去部长楼柳斌先生的住处，记得他当时正在院子里散步，院子里芳草萋萋，儿子还在那里捉了科学课要用的蚂蚁。

批评“应试教育”，板子不能打在老师和校长的身上

王　珺：最近一段时间媒体就“南京高考事件”展开了激烈的讨论，许多家长认为高考成绩不好“都是素质教育惹的祸”，而作为对比的一些升学率高的学校也不服气，不承认自己是因为搞应试教育才取得高升学率的。您怎么看关于素质教育是是非非的争论？

柳　斌：这是因为对应试教育和素质教育的理解存在不同的看法，很多人尚不理解什么叫素质教育，不仅仅是老百姓没搞清楚，个别专家教授也把素质教育与知识传承对立起来，他们对应试体制带给青少年一代的痛苦和损害又缺乏切肤之痛，所以发表意见也常常是无的放矢。其实，素质教育与应试教育比较，质量应该是高的。这里有个质量观的问题。提高国民素质，才要搞素质教育，那怎么素质教育搞了以后反倒质量低了？我们是需要孙武这样的人还是需要纸上谈兵的赵括？是需要袁隆平这样的人，还是需要只是发表了一两篇论文的人？关键在于用什么标准衡量教育质量。为什么我们现在还是“素质教育喊得轰轰烈烈，应试教育搞得扎扎实实”？就是因为有的人还是只用分数和文凭来衡

量人才，质量观还没有转变。是以能力为评价体系，还是以分数为评价体系；是以贡献为标准，还是以文凭为标准？这个问题不解决，争论将是无休无止的。

王　珺：您的名字似乎总是和“素质教育”连在一起，当时为什么会提出这一概念？

柳　斌：1985 年，小平同志指出：“国力的强弱，经济发展后劲的大小，越来越取决于劳动者的素质。”当时颁布的《中共中央关于教育体制改革的决定》，指出了提高民族素质、提高公民素质是教育尤其是基础教育的根本任务。然后是《中共中央关于社会主义精神文明建设指导方针的决议》中有一段关于素质的重要论述：“教育科学文化工作者在精神文明建设中担负着光荣艰巨的使命，应当认识时代和人民的要求，努力提高自己的思想道德素质和业务素质。”在学习贯彻小平同志的指示和中央文件的过程中，比如会把“素质”与“教育”联系起来，因此也就必然会产生“素质教育”的提法。

有一本书叫作《素质教育在美国》，你看过吗？其实那是有学问的人的信口开河而已，在美国是没有素质教育这个提法的。最初，“素质教育”是为了克服应试教育的弊端、作为与“应试教育”相对立的一个概念提出的，总的来说，是中国改革实践发展的产物。

王　珺：有人研究认为，大家较为接受您是“素质教育”的首倡者这一说法。

柳　斌：谁提出的并不重要，重要的是一定会出现。1987年 4 月，我在九年义务教育各科教学大纲统稿会上作的讲话中讲过：基础教育不能办成单纯的升学教育，而应当是社会主义的公民教育，是社会主义公民的素质教育。这可能是见之于报刊的较早把“素质”和“教育”联系起来的一次讲话。

王　珺：素质教育一经提出，大家对应试教育口诛笔伐，许多批评更是把板子直接打到了中小学校长、老师的身上，他们觉得很冤枉。

柳　斌：应试教育的问题是个社会问题，它是一种倾向，不能说整个基础教育搞的都是应试教育。我们讲的“应试教育”是一种思潮，一种倾向，所以一般都加上引号。素质教育最初是针对“应试教育”这种思潮提出来的，但它不仅仅是针对应试教育，更重要的还是从贯彻国家的教育方针、全面提高国民素质，全面提高教育质量这个意义上讲的。因为应试是个社会问题，所以不能把板子打在中小学校长和老师的身上，从素质教育讨论开始阶段就已经讲清楚这个问题了，应试教育的根子主要在就业制度、人事制度、教育内部体制上，它是受社会发展水平制约的。

王　珺：就是说素质教育是把“应试教育”作为对立面，而不是把校长、老师作为对立面。

柳　斌：原来有一句话叫“考考考，老师的法宝；分分分，学生的命根”。我建议修改一下：“考考考，教育管理的法宝；分分分，校长老师学生的命根。”这就把关系摆平了，不至于产生误解。校长、老师、学生都是“考考考”这个制度的受害者呀，所以我们现在要改革考试制度，当然这很难，因为很复杂，牵涉的面太广。这个问题应该这么看：考试虽然有弊端，我们要改革它，但不能废除它，而改革不能一步到位，我们只能逐步地探索、总结、完善。

王　珺：您在调研中有没有发现，在素质教育实施中，一些学校走了弯路，进入了误区，比如有些校长觉得搞课外活动、教学生吹拉弹唱，就是素质教育。到底什么是素质教育的实质呢?

柳　斌：不能认为强调加强美育、体育等方面就是走入了误区，在德智体美全面发展的过程中，由于强调应试而忽视了德育、体育、美育，这种片面性正是“应试教育”的弊端。在这几种教育被忽视的情况下，提出要加强体育、美育、德育，开展文化活动和体育活动，恰恰是对应试教育的一种纠正。在重视知识的同时重视体育、美育、德育的发展，这怎么是误区呢？之所以有人要给它扣上“误区”的帽子，是因为他对素质教育有误解。其实素质教育的本质意义就是要帮助每一个学生德智体美全面发展，为他们今后做人、办事、健体、审美、创造打好基础。

王　珺：素质教育从实施到现在有10多年了，您觉得在实施过程中，遇到的最大难题是什么?

柳　斌：这又回到了我们开始时谈的问题了，素质教育喊了这么多年，为什么应试教育还这么有市场，升学竞争仍这么激烈？原因在城乡分割及劳动、人事、分配等方面不平等的社会二元结构，在因就业压力而形成的学历本位主义和功利主义，在高教与基础教育规模、结构上的严重失衡和高校“严进宽出”的精英培养模式等社会原因上。首先是城乡二元结构的事实上的不平等，农民的孩子如果考不上大学就永远改变不了当农民的命运，这为应试竞争造成了不绝的源泉，成为制约社会发展的瓶颈。当然，除了社会发展条件的制约，还有我们世代相传的一些观念，比如“学而优则仕”“万般皆下品，唯有读书高”等的负面影响。所以实施素质教育要有坚持不懈、长期奋斗的思想准备。因为要改变社会方方面面的条件需要比较长的时间。

用一把尺子衡量人才，会越量越少

王　珺：谈素质教育，不能绕过“评价”。而成功，在当下社会好像有约定俗成的价值取向，多数人会认为，上好大学是成功，挣钱多是成功……在一篇文章里看到您曾经讲过一个故事：里根当选总统后，有记者采访他的母亲时说，你真是个了不起的母亲，有个当总统的儿子，而里根的母亲回答，我还有个同样了不起的儿子，他正在地里刨土豆。这个故事非常有意味。

柳　斌：这是我从一份报纸上看到的，事实不一定准确，但它很有意义。讲成功应该有各种层面的成功，不要把成功看得很神秘。我理解，所谓成功，是对凭借自己的努力实现自己的理想和愿望的一种价值评价。比如我的小孙女不会弹钢琴，经过努力，能弹曲子了，这对她来说就是成功。成功是各个层面的，有浅层次的，也有高层次的。只要是经过自己的努力实现了自己的愿望，都可以说是成功。贾岛有两句诗：“两句三年得，一吟双泪流。”他描述的是一种由衷的喜悦，这也是一种成功的境界呀。一个人能够德智体美全面发展，能够用自己的聪明才智服务于社会，这样的人生就是成功的人生。我们的教育应该引导每个人正确地对待自己，给自己确立一个合理的目标，实现了就是成功的；不要定高不可攀的、跟自己的实际相距太远的目标。我赞成一位论者的话："什么是成功的人？就是今天比昨天更有智慧的人，今天比昨天更慈悲的人，今天比昨天更懂得爱的人，今天比昨天更懂得生活美的人，今天比昨天更懂得宽容的人。"

王　珺：我理解，素质教育很大程度上是让孩子更像个孩子，升学竞争的压力却使家长们越来越急功近利，所以有人发出"孩子的童年正在消失"的哀叹。在您的理想中，我们的教育应该怎样保护儿童的天性？在这方面，现实的教育又存在哪些问题？

柳　斌：我们的教育应该怎样保护儿童的天性？你这个问题提得非常好，这正是我们每个教育工作者都应该思考的问题。我想，要在引导儿童、教育儿童的过程中，尊重儿童的兴趣爱好，发现并保护儿童的个性。儿童从无知到有知，处于发展过程中的初始阶段，在这一阶段没有引导、没有教育是不行的，但是在引导和教育的过程中，一定要有尊重。因为每个人都有自己的个性，有自己特定的成长环境，外部条件会对他本身进行各个方面的刺激，使得他对某些东西特别感兴趣，然后就会形成不同的发展倾向。家长和教师的任务不是去代替儿童确定发展的方向，而是去发现儿童的个性，并加以保护。这就要求我们的家长和老师要学点儿童心理学。不用学多了，先把陈鹤琴的"三好四喜欢"学好就行。陈鹤琴先生把儿童的心理概括为：小孩子好游戏的，小孩子好模仿的，小孩子好奇的；小孩子喜欢成功的，小孩子喜欢野外生活的，小孩子喜欢合群的，小孩子喜欢称赞的。我们的许多老师和家长却常常是不允许孩子好奇，不允许游戏，不允许到野外去活动，不允许交小朋友。小孩子喜欢称赞偏偏不称赞，批评多于称赞。孩子怎么能有创造性呢？现在存在的问题无论家庭教育还是学校教育，功利色彩太重，急功近利，拔苗助长，甚至教师和家长联合起来对孩子施压，有的是重奖，有的是批评，引导的方向都是考高分，认为考高分就可以上好学校，可以拿到文凭。在这种情况下，对很多儿童期应该进行的教育却忽视了，如人格、人品的教育，爱心、善心的培养，诚信的培养。

王　珺：可是社会对成功的普遍价值取向如此，在这样一种成功观的引领下，家长也好，学校教育也好，您觉得有可能超凡脱俗吗？

柳　斌：这的确需要有个过程，主要是我们的评价制度、标准还有待完善。衡量一个人不能只用一把尺子，要用多把尺子，尤其不能只用知识这一把尺子，还应该有品德的尺子、爱心的尺子、诚信的尺子、能力的尺子。用一把尺子衡量人才，会越衡量越少。要解决这个问题还需要整个社会对人才、质量、成功有一个比较科学、合理的评价标准。随着素质教育的全面实施，人们的教育思想在转变，新的课程教材在推行，考试制度在改革，人才评价标准和培养、选拔制度也在改革，我认为对教育改革的前景应当充满信心。

“一个好校长就是一所好学校”没有错，我至今不思悔改

王　珺：“一个好校长就是一所好学校”，这句话在教育界非常有名，更是被许多校长奉为追求目标。这一观点最初是您提出

来的吗?

柳 斌: 这句话是一位西方教育家说的，但我赞成这个提法。要提高教育质量，必须建设一支高质量的教师队伍，谁来建设这支队伍？要依靠校长。我认为这句话足以鼓励校长们为办好学校倾作出应有的努力，它有助于调动校长的积极性。1995 年，我在华东师大国家教委中学校长培训中心的培训班上，以“从某种意义上讲，一个好校长就是一所好学校”为题讲过一次话。其实关于干部的重要性，许多大人物都讲过了。比如：毛泽东同志讲过，政治路线确定之后，干部就是决定因素。法国军事家拿破仑说，一只狮子率领的绵羊部队一定会打败一只绵羊率领的狮子部队。我觉得这些说法和比喻都很能说明问题。

这么讲了以后，我也没有想到影响会很大。因为任何比喻都是有片面性的，所以我在讲时前面加了“从某种意义上讲”，强调这种提法不是否定教师、不是否定办学条件、不是否定政府的管理。“某种意义”就是说明，这句话是有条件的。

王 珺: 后来有人写文章批驳这句话?

柳 斌: 对。有人说，这样讲就把校长和教师对立起来了，忽视了教师的作用。实际上，教师要很好地发挥作用，有赖于校长正确的引导，因为校长处在学校决策的位置上。所以我坚持认为这个提法是对的，我说我至今不思悔改。因为我相信这句话产生过、今后也还会产生积极的作用。

王 珺: 我们知道您曾当过中学校长，您对好校长和好学校的关系的理解应该更有切身感受吧?

柳 斌: 我 1969 年离开北师大回到家乡江西萍乡教书，当过班主任、年级组长、教研组长，后来当了副校长。我的体会一个是要善于学习，因学习而拥有，因学习而丰富，因学习而发展，校长是这样，学校也是这样；另一个体会是要以身作则，什么事情最苦最累我总是自己带头去干，不是只要求老师怎么做，而是自己带头去做。那时在南方每年7月份都要搞“双抢”，抢收抢种，那真是又苦又累，气温高到40度，身上要脱一层皮。但这是政治任务，我就带头，和老师、学生一起干。我的体会是，要动员老师去做的事，自己先去做，要求老师不去做的事，自己先不做。

王　珺：您最初是在大学教书，下到中学当老师适应吗？

柳　斌：有一个适应过程，不长。过了一两年，当时的校长，还有教育局的同志首肯了。教大学和中学的确不同，大学老师主要是指导学生自学，中学老师则有很饱满的教学任务，除了写好教案，还得考虑怎么提问、怎么启发、怎么指导，很细致。

记得我当时讲过几堂较有影响的公开课，《一块银元》《海燕》《药》等等，不仅是学生，听课的老师都感动。可能是受我上学时老师的教学方法的影响吧，我讲课也不是死抠词句，而是注重教学生感悟课文。

教学中，我也重视一些实际问题，比如一回到家乡我就发现不少老师上课讲方言，我觉得语文课堂上必须推广普通话，当教研组长后我就要求语文老师都用普通话讲课。为了方便大家学说普通话，我还编了一本《萍乡人学普通话》的油印小册子，把萍乡人说普通话时容易混淆的音标注出来。可惜这本油印的小书后来丢掉了。

王　珺：当教师、校长的经历，对您后来做管理工作有好处吗？

柳　斌：很有好处，因为我当过老师，当过班主任、年级组长、教研组长、校长，所以我对学校，尤其是中小学的情况比较了解，在一些方面积累了经验。

王　珺：您 1957 年高中毕业考北师大，是因为喜欢当老师吗？

柳　斌：是，又不完全是。考北师大有多方面的原因。一是对教师这个职业很仰慕，因为从小学到初中到高中，很多老师都是我那个时候崇拜的偶像。二是喜欢中文。当时了解有几所学校的中文系比较强，北师大是其中之一。三是家里比较穷，上不起学，师大有每月 14 元的师范助学金。三个原因促使我第一志愿报考北师大。

王　珺：毕业后留校教中文不是很好吗？后来为什么改教中学了呢？

柳　斌：在大学教书当然不错，我在中文系干了 8 年，离开北师大有两个原因。当时“文革”小组组长陈伯达到师大视察，说：“中国人说中国话，要办什么中文系呀？你们这儿‘斗批改’就是‘斗批走’。”他的讲话很快就通过大字报传出来了，我感觉如同当头一棒，觉得在中文系没有前途、没有奔头了。另一个原因，当时我爱人在哈尔滨，为了解决两地分居，干脆一起调回我的家乡江西，萍乡二中正好缺老师，也欢迎我们回去。就这样，我当了高中语文老师兼班主任。不久，又当了年级组长。那个时候一个年级是一个连队，我这个年级组长就成了连指导员。

对老师和校长有天然的亲近感，我从内心深处热爱他们

王　珺：刚才您谈到中小学时代的老师对您后来当老师有很深的影响，好几十年过去了，您还记得起他们吗？

柳　斌：我记得小学时有一位启蒙老师，跟我一个姓，按辈分算还比我小，名叫柳耀光。他非常敬业，对学生要求很严格。学校当时就他一个老师，搞复式教学。一共两间教室，4个年级，他一会儿在这个教室讲课，一会儿在那个教室讲课，一个教室里是两个不同的年级，他叫这一半学生做作业，教另一半读书。他现在应该80多岁了，我回家乡的时候还专门去看望过他。

初中的老校长是当地一位开明绅士，很有学问，名叫陈赞由。记得上初一时，我在放假后去取成绩单，出校门时看见老校长正和两位老师在门口乘凉。校长见我出来就叫住我，他看了我的成绩单很高兴，说："哎呀，你的成绩不错嘛。"我刚要走，他却叫我等等，起身走到学校旁边的小铺子，买了两个油饼，回来说："你成绩不错，赏你两个油饼。"我现在回想起来印象还很深，自己能够努力学习跟他的鼓励很有关系。

王　珺：您的喜欢"舞文弄墨"与您受到的教育有关系吗？

柳　斌：有啊。我有一位中学老师叫袁登庸，我热爱语文应该说受他的影响较大。他采用的是鼓励的方法，每一次批改作文都很细致，他会在我们写得好的句子旁边画上红圈圈，特别好的

连续画三个圈圈，文后还有他精心策划的批语，都是鼓励、赞扬的话。后来有一位班主任熊培元老师，教历史，他的特点是循循善诱，每堂历史课都像是绝妙的故事会。我对文科产生兴趣受这两位老师影响很大。

王　珺：您在中小学教师和校长中非常有号召力和亲和力，作为他们的朋友，想对他们说点什么？

柳　斌：我对老师和校长有一种天然的亲近感，从内心深处热爱他们，因为我一辈子主要从事中小学教育工作。无论什么时代，热爱教育工作、思考教育课题都是教师的天职。而思考教育问题也要与时俱进，我们总是要不断地解决新出现的问题，才能够有所前进、有所创造。看到不少学生经过十几年的学校教育却没有爱心、不尊重生命，我感觉很忧虑。没有知识值得忧虑，没有爱心、善心、诚信更加值得忧虑。我觉得当前最重要的问题可能是培养学生的爱心、善心、诚信的问题。这些问题不是哪一个教师、校长应该关心的，而是全体教师和校长都应该关心的。

采访结束时，柳斌拿出一张照片，是他和徐惟诚等人荣获“中国少年先锋队星星火炬奖章”，在授章仪式上的合影。极普通的一张照片，却被他小心珍藏。问其因，他说：“我们以获得这一奖章为荣，因为我们都是儿童工作者嘛。”言辞间，这位年近七旬的老人流露出幸福和自豪。

刊于《中国教育报》2004年9月28日，原文标题为“情系教育人生”

朱永新：一个理想主义者的言说方式

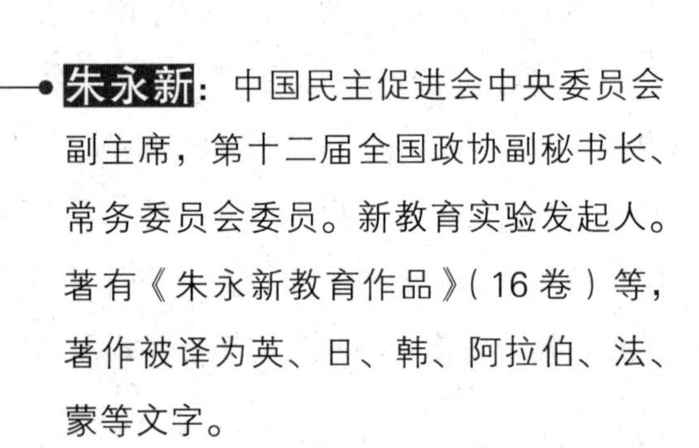

朱永新：中国民主促进会中央委员会副主席，第十二届全国政协副秘书长、常务委员会委员。新教育实验发起人。著有《朱永新教育作品》(16卷)等，著作被译为英、日、韩、阿拉伯、法、蒙等文字。

《新教育之梦》《我的教育理想》……在朱永新的话语系统中，“理想”和“梦”是出现频率极高的两个词汇。在他对“理想的校长”的阐述中，他把强烈的成就动机排在了第一位。有人说，一个人的思维方式直接影响着他的话语方式。透过朱永新的言说方式，可以窥见他思想的路径。

朱永新的身份很有些复杂，他既是苏州市的副市长、全国政协常委，又是苏州大学教授、博导，同时，由于近两年积极投身基础教育实践，他作为新教育实验的主持者而备受中小学校长、老师们的“追捧”。他外显的个性使他具有了某种“明星”的特质，与人们心目中传统的学者形象和固有的政府官员形象都相去甚远。而他敢怒敢言的做派和振臂一呼、应者云集的气质又使他既受拥戴也招致非议。

星期天为理想打工

王　珺：近两年您在教育界特别活跃，经常到各地学校演讲、调研，还主持着“教育在线”网站，并且不时有文章著述见诸报端，大家都想知道，您用什么时间当市长呢？

朱永新：我曾说过：“每周一到周五，我为苏州市打工。每周六、日我为自己的理想打工。”我绝大部分精力毫无疑问在政府，我分管的工作不能说最出色，但可以说是最出色的之一。无论是教育、文化、体育还是新闻出版，应该说做得都是很棒的，创造了很多经验，出台了很多在国内有影响的条例、法规。我做了7年副市长，自己觉得问心无愧，对我这个城市我是尽心尽力的。并不像有些人讲的，这个人不务正业，市长不好好做去做学问。

王　珺：有这样的说法吗？

朱永新：当然有，因为我这些年文章写了不少。但他们不知道我每天早晨五点钟起来，到九点上班我有三四个小时的时间，别人可能睡懒觉、搓麻将、喝酒，而我在看书，在思考问题。我想这是别人不知道的。

王　珺：听许多校长谈起您就像谈他们的老朋友。在您身上确实少见“官”气，倒是彰显出一种非常个性化的气质。您怎么评价这种个性？

朱永新：我承认自己比较张扬。但也得承认，任何个性都有两面性。外显的个性使很多人容易跟我一见如故，大多数人喜欢这种率性、率真的风格，跟我相处不需要考虑什么话该说，什么话不该说，比较容易坦诚相见。我在和很多校长接触时，常常单刀直入，直陈这个学校的缺点，他们一时可能比较难堪，但过后他们会理解。当然，也有人觉得我喜欢出风头，说我搞新教育实验就是标新立异，以此标榜自己。我倒不是很在乎，也很少考虑别人怎么说。我知道这种个性和中国传统的谦谦君子风格相去甚远。

王　珺：但您的身份比较特殊，如果仅仅作为一个学者，您尽可以保持这种鲜明的个性；现在您还是个政府官员，有没有刻意地去改变什么？

朱永新：我从未想过改变，因为人改变自己的性格是一件很痛苦的事情。所谓个性就是人的感情的自然流露，思想的自由表达，是一个人快乐的源泉。有人开玩笑说，你能够在中国的官场上存活下来是个奇迹。我想一个重要原因是我生存的这个环境比较宽松，我们的历任市委书记、市长和我的同事们，对我都很理解和宽容，大家知道我是从大学里来的。相对来说，大学里的人总是比较率真、耿直、敢讲话的。所以在这个意义上说，有好的生态环境非常重要，我有幸在这样的环境中生存。

搞“上天入地”的教育科研

王 珺： 一说教育理论、教育研究，好多人就会觉得头痛，觉得高不可攀。我注意到，在新教育实验学校和“教育在线”网站都有一批热衷撰写教育随笔的校长和老师。而从新教育核心理念的表达和您的文风来看，短小、活泼、言之有物的话语风格就是新教育实验的切入点。据我所知，您号召教师写教育随笔的“朱永新成功保险公司”的“生意”非常红火。

朱永新： 是这样的。我们原来的教育科研往往是专家关在书斋里搞的，因此与教育实际是脱节的。我们的教育需要什么样的教育科研？我概括为四个字：上天入地。“上天”就是影响决策；“入地”就是能影响一线教师和学生的行为，真真正正地贴近教育实际，从教育实际出发，为教育实际服务。

王 珺： 您是什么时候有了这样的觉悟的？尤其是对教育科研和教育实践的关系的认识。

朱永新： 在大学里我主要做教育史、心理学史的理论研究，接触的还是理论形态的教育，是没有和社会联系在一起的教育，我相信现在大学中的绝大部分老师做的还是这样的教育研究。我大约在2000年初读过一本叫《管理大师德鲁克》的书，书中主人公的朋友熊比特在弥留之际对德鲁克说，我到现在才真正明白：研究多少理论写多少书都是无足轻重的，除非你的理论能改变生活。这段话对我心灵的震撼是前所未有的。我开始想我写那么多书为什么，开始思考究竟什么才是最有价值的学问。我自觉地想这些问题并试图改变自己的研究方式，这时我开始往学校去了，去中小学。我写的东西也不再是那些谁都看不懂的“大”文章，而是开始写活泼的小文章了。你看我现在很多文章都是千字文。没想到的是原来写的许多专著没人看，现在的小文章倒有很多读者，甚至不少人都能够背诵。

王　珺：您觉得是您文章中的什么东西打动了他们？

朱永新：我想可能是最朴实平白的表述方式，无非是说出了他们想说却没有说出来的话。我似乎在自觉不自觉地成为一个走近中小学老师的学者。

王　珺：“上天入地”，您觉得自己做得怎么样？

朱永新：说到“上天”，作为全国政协委员，我可以通过提案的方式建言献策；而作为苏州市的副市长，使我有机会将自己的教育理想在苏州实践。至于“入地”，我把新教育实验当作我耕作的园地。

新教育越发展，我就越惶恐

王　珺：从 2002 年 9 月新教育首个实验基地在江苏省昆山玉峰实验学校挂牌至今，参与实验的学校已达到 200 多所，遍及全国 20 多个省市，可以说发展势头非常迅猛。但同时也有来自多方面的异议，您如何对待不同的声音？

朱永新：据我了解，大家的意见主要是：新教育实验不新，新教育实验没有什么理论体系。关于“新”的问题，我们知道，在欧洲历史上有新教育运动，后来影响到美洲。新教育本来就是教育历史上的财富，我们以此命名，是自觉地把我们做的东西和传统的具有人文精神的教育理念挂起钩来，力求成为新教育运动整个发展过程中的一个环节。我们对“新”的理解是，过去时代的“新”，对我们这个时代是久违的，因而具有新意；很多东西以前提得比较模糊，现在渐渐清晰了，那就是新的；很多东西可能过去有人说过，但没有人好好去实践，比如说读书，我们作了新的诠释，那就是新的。新教育的“新”不是推倒别人，而是继承。

关于理论体系问题，我不否认我们还没有或者说还没有完全形成非常严密的理论体系，因此与其说它是新教育的理论，还不如说它是新教育的行动。我们用的是行动研究的方法，名义上是实验，实际上是试图变革教育的尝试，所以我觉得把它作为实验也未尝不可。我们的教育缺少的不是理论体系，或者说不是拼凑起来的理论体系，而是行动，缺少能真正改变老师的行走方式，缺少让我们的老师和孩子更加快乐的原生态的行动的方式。我想恰恰是这种行动研究使新教育实验在没有政府推动、没有媒体广泛宣传的情况下，却能流传这么广的原因吧。

王　珺：您认为新教育实验最有价值的东西是什么？

朱永新：简单、实用、可行，只要行动就有收获，我觉得这就是新教育实验最有特点的地方。我们从基本观点出发，鼓励学校去创造、去尝试，然后我们把大家做的加以总结和提炼，不断提升，相信理论会在实践过程中产生。我想，新教育走的是另外一条研究路径，而不是传统的教育研究方法。

王　珺：有人对实验学校的老师、学生以及“教育在线”网站出书过多、过快等现象尖锐地提出：新教育实验或许会成为新的名利场。您觉得这是耸人听闻吗？

朱永新：首先，我认为无论是实验还是网站，都不存在出书过多过快的问题。从网站的情况来看，我们一共才出了20多本书，而且大部分是老师长期的个人积累，相对于我们网上200多万条帖子，是不多的。其次，说到名利心，其实，扪心自问，我们都是凡夫俗子，有一点名利心也是很自然的。有时候，适当的名利心，未尝不是人们进取的动力。所以，对这个问题，我的态度是不要太紧张，当然，也不能不警惕。我们的事业是开创性的，许多问题是一边探索一边前进，一边行动一边总结的。我们不能期望所有的结果都是完美的。

新教育发展到今天，越是发展，我越是心虚，我常常自问：你的实验能不能真正成为教师自觉的行动？而我的行政力量最多只能影响苏州的学校，外省的学校到底是真做还是假做，是全心全意地做还是形式主义地做，我心里并没有太大的底。所以我非常坦诚地希望大家来批评新教育。

王　珺：理想和梦，在坚硬的现实面前难免显得飘渺和脆弱，作为高举教育理想大旗的理想主义者，您怎么看理想和现实之间的冲突？

朱永新：我一向认为，理想主义本质上是人类本性和理性的斗争，人类在发展中不断需要一群理想主义者站出来，和本性的东西抗衡，人类就在这样的抗衡中调整自己的步伐，从而得以前进和发展。我想我们的探索是以科学发展观为指导的，相信它会在相当长的时间里有生命力，因为我们倡导的教育理想和几千年来人类追求的人文主义之美是一脉相承的。

刊于《中国教育报》2004年6月29日，原文标题为“一个理想主义者的言说方式”

朱永新：和教师一起书写生命传奇

“在教育学者中，我不是最有学问的，但肯定是和一线教师贴得最近的人之一。”中国教育学会副会长、民进中央副主席朱永新以一贯的自信这样评价自己。

在新书《致教师》中，他以教师的朋友、同行者的身份跟教师对话。

作为新教育实验的发起者和主持者，他认为新教育对自己最大的影响，是让他“更注重民间立场，更抱有一种草根情怀来看待教育问题”。

从大学教授到主管教育的副市长，再到民进中央副主席，职务的变化没有阻断朱永新身上浓厚的教育情结，反而历久弥新，成为他从未放弃的追求。

诞生于苏州古城的新教育实验历经15年的发展，目前已有56个实验区，2700多所实验学校，成为推动我国教育改革的一支重要的民间力量。

新教育实验以促进教师成长为逻辑起点，将职业认同和专业发展作为教师成长的两翼。在《致教师》一书中，朱永新用老师们熟悉并喜欢的“朱氏文风”对中小学教师提出的“如何抵达教师职业的四重境界”“如何寻找生命原型”“教师如何关注窗外世界”等问题进行回应，这些回应既是对教师成长问题基于实践的阐述，也可看作激励教师寻找职业意义的生命密码。

滴石斋的灯光和“朱氏文风”

王　珺：在书中，有教师问，如何合理安排时间才能使教师释放自己的空间，从而得到更大的发展。我特别喜欢您关于控制心灵的艺术的说法。

朱永新：要使一个人专注，表面上看需要有驾驭时间的本领，其实更需要有控制心灵的艺术。在今天这个充满喧嚣、诱惑的时代，更需要修炼这种艺术。

我觉得教师特别需要合理利用自己的整块时间，比如寒暑假，可以集中整理自己的教学心得，记录自己的生命叙事。

王　珺：您身兼数职，却总给人精力充沛的感觉。记得十多年前采访您时我就问过关于时间分配的问题，当时您是苏州市副市长，戏称自己“星期天为理想打工”，您也多次提到小时候父亲敦促早起练字使您养成了早起的习惯。

朱永新：是的，我觉得那是父亲给我的最好的礼物。晚上读书，早起写作，几十年来已经形成了我的生物钟。我的大部分文章都是利用别人休闲娱乐的时间完成的，所以我坚信，阅读、写作的时间挤挤总是有的。我的微博大多是早间写的，分“一言难忘”“教育闲思”“新父母晨诵”“书香中国”等几个主题。前年我当爷爷了，所以新开了“童书过眼录”版块，为父母们推荐童书。

王　珺：您许多文章的末尾都标有“北京滴石斋”，这名字有什么特殊含义吗?

朱永新：那是我给自己书房的命名，取水滴石穿之意，我想强调一种坚持的精神。工作再忙也要坚持读书，坚持写作，坚持下学校，新教育实验这些年的发展，很大程度上得益于坚持。

王　珺：在各地学校采访，总能听到老师们对您的著作如数家珍，尤其是《我的教育理想》，很多教师说这本书点燃了他们沉睡已久的教育激情。从发行量看，这本书确实已经成为教育畅销书、长销书，您觉得原因何在?

朱永新：我想可能和我亲近教师的态度有关。也有人说，我独特的话语方式受到教师的欢迎。我的自我评价是，我不是最有学问的，但肯定是和教师贴得最近的。这些年我基本每年跑 100 所左右的学校，和一线的老师接触多了，和学校接触多了，能看到更真实的教育问题，也更了解教育关键点、矛盾点。

王　珺：您的文风质朴而富有激情，《致教师》这本书的第四辑收录的 6 篇随笔是近几年为教师写的新年致辞。在岁末为什么会有话想对教师说？主题又是怎样确定的?

朱永新：以前过年的时候会给朋友写信，有人说我应该给老师们写信。于是，从 2009 年年底，我就开始每年新年前夕给教师写一封信。主题都是我认为对教师比较重要的问题，如理想、信念、爱。我希望老师们能在新的一年给自己一个期许，找到新的方向。其实无论是《我们正在涨潮的海上》《每朵乌云背后都有阳光》，还是《向没被污染的远方重新出发》《爱教育就是爱自己》，都是我想与老师们共勉的话题。

教师专业发展的“吉祥三宝”

王　珺：您一直致力于阅读推广，新教育也将阅读作为重要的活动基础。据您的观察，教师阅读状况在这十多年中发生了哪些变化？

朱永新：应该说，在中小学范围内，整个阅读的生态有了很大变化，全民阅读、书香校园这些理念越来越被大家接受。不谦虚地说，这与新教育十多年的深耕细作有很大关系。

新教育在学生、教师群体中对推动阅读起了很大作用。我们反复传递一个信息——没有教师的阅读就没有学生的阅读。教师怎么读？新教育提出教师专业地图的概念，倡导教师读那些最有价值的书，我们叫作根本书籍，这在中小学得到了很大认同。虽然从总体上说，中小学教师的阅读状况还没有像我们期待的发展那么快，但趋势是乐观的。

王　珺：您这本书里多处提到阅读的问题:《站在大师的肩膀之上》谈的是如何进行专业阅读;《爱上阅读需要多管齐下》谈怎样让学生爱上阅读；等等。您认为阅读与教师的专业发展是什么关系？

朱永新：新教育实验的教师专业发展是以专业阅读、专业写作、专业发展共同体的“三专”理论为基础的，我们称为教师成长的“吉祥三宝”。我一直强调，没有教师的阅读，就没有教师真正意义上的成长与发展。教师专业阅读的根本任务，就是构造一个合宜的大脑。专业阅读的关键是必须回到对根本书籍即经典书籍的研读中来，换句话说，就是强调恢复原初思想的能力。

王　珺：您认为经典阅读对教师意味着什么？

朱永新：我曾经对新教育的老师们说，在他们的教室里正在发生的事情，在别人的教室里早就发生过，在另外一些人的教室里还会继续发生。不善于读书学习的教师，总是拿着一张教育的旧船票每天重复昨天的故事，而通过阅读教育经典，与过去的教育家对话，教师才有可能站在大师的肩膀上，逐步形成自己的教育思想。

王　珺：您自身的阅读经验是怎样的？最近读了哪些书？

朱永新：这几年我基本以系统阅读一个人的著作为主。刚刚把蒙台梭利的书通读了一遍，从去年到今年的 4 月份，把苏霍姆林斯基的书通读了一遍，前年读的是叶圣陶、陶行知。我是边读边做笔记，近两年出版的《陶行知教育箴言》《叶圣陶教育名篇》《大师教你做父母——对话苏霍姆林斯基》等都是阅读思考的产物。关注度比较高的大众读物也会读，否则就跟时代脱节了。

让职业成为生命意义的寄托之所

王　珺：在《致教师》中，您回应了教师提出的关于理想、幸福等形而上的问题。您认为这与教师职业认同有什么样的内在联系呢？

朱永新：职业认同更多的是与人的理想、激情、追求以及对职业的理解和认识有关。海德格尔说，以什么为职业，在根本的意义上，就是以什么为生命意义的寄托。新教育的职业认同，是指生命个体对于职业价值的发现和体认，进而产生的心理归属感。

王　珺：据我所知，新教育将职业认同归纳为三个方面：关于生命原型，关于生命遭遇，关于语言密码。您觉得教师应该如何寻找生命原型呢？

朱永新：每个人的一生都是一个生命的叙事，这个叙事一定有其特定的生命原型，我们也把它称为自我镜像或人生榜样，以什么样的人为榜样，我们就会成为那样的人。生命原型，对缺乏理想的人，就是点燃理想的火种；对追寻理想的人，就是让理想之火燃烧得更旺的干柴。

王　珺：我上一次写您的专访文章题为《一个理想主义者的言说方式》，理想主义成为您鲜明的标签。这些年来，您对理想与现实的关系是否有新的认识？书中您提出做一个现实的理想主义者，是怎样的思考路径？

朱永新：教育与理想本来就是一对孪生兄弟，教育是培养人的事业，是让世界变得更美好的事业，所以教师职业肯定是最具理想情怀的职业。

当下，理想似乎成了一个贬义词，经常被用来形容一些不切实际的想法。我年轻时就被称作“理想主义者”，但我从来没有讨厌过这个称谓，因为理想在我心中从来都是神圣的，而新教育这些年的发展壮大，很大程度上是因为吸引了一群视教育为信仰的理想主义者。

之所以说“做现实的理想主义者”，我的思考是，必须扎根于现实的土地，在坚守中成就理想；与真正的理想相伴的，应该是行动。新教育就是靠一群扎根在现实土壤里行动的理想主义者而进行的事业。所以，我现在更愿意把自己称为“行动的理想主义者”。

王　珺：书中许多篇目都有“幸福”这个词语，《教师的幸福从哪里来》《在问题中收获成长的幸福》《幸福通过分享而愈发丰盈》《教室就是幸福之源》……新教育也以“引领教师过一种幸福完整的教育生活”为宗旨。您认为，教师职业的幸福来自何处？怎样才能获得真实的、不虚空的幸福？

朱永新：关于幸福的名言妙论各不相同，但大体揭示了幸福的基本特征——幸福来源于创造。我更多强调教师的幸福来源于每天日常的教育生活。

人与外部世界的关系、人与人的关系、人与自己的关系构成了幸福的三个来源。教育是复杂甚至繁重的工作，很多人认为这让教师丧失了幸福感。从新教育教师的感受看，却并非如此。因为他们在用心研究学生成长的案例、及时记录自己的生活、和同事共读共写中感受到成长的快乐，所以，在每一个平凡的日子，他们也能与幸福相伴。

刊于《中国教育报》2015 年 9 月 7 日

魏书生：过犹不及，万事适度

魏书生：教过35年语文课，当过22年班主任，30年中学校长，13年教育局长兼党委书记，中国共产党第十三、十四、十五、十六、十七次全国代表大会代表，曾任全国教育科学规划领导小组成员，现任浙江省台州市书生中学校长，辽宁省盘锦市魏书生中学第一校长。

2004年，我所供职的中国教育报新创办了《校长周刊》，主任派我去采访时任盘锦市教育局长的魏书生。当时春节刚过，寒假还未结束，我辗转打通了魏局长的电话，他的声音很和气，让我跟他的办公室主任联系。

乘 2549 次列车到达盘锦时天还没亮，正月十五刚刚过完，偶尔还有稀疏的鞭炮声响起，打破了小城的静谧。那天是星期六，到处都很安静。采访在盘锦市教育局一间会议室进行。中午，魏局长说他习惯于在家吃午饭，喝小米粥，他让办公室张主任陪我吃饭。

那天我们聊得很过瘾，之后写这篇稿子时笔下如沐春风——我很少有这样的写作体验——仿佛这篇文字本来就“在那里”，被我轻易地便找到了。

“为人家好”，朴素的管理箴言如何赢得师生信任？

王　珺：当工人的时候为什么就特别执著地想做一名老师？当时好像还有好多别的选择。

魏书生：下乡的时候在农村当过老师，当时大人忙着搞阶级斗争，和孩子在一起更单纯。

这个经历也使我觉得自己当老师挺适合、挺快乐。1978 年 2 月，我来到盘山县三中教语文，一开始就当班主任。

王　珺：您好像说过：“我不会教书，是学生教会我教书。”为什么这么说呢？

魏书生：这是心里话，我没受过师范教育，19 岁教书前是个种地的，你说怎么办。我只好跟学生商量着做。在这种商量中，我感受到的是与学生之间的和谐、默契，轻松感和愉快感。

王　珺：在盘山三中任教半年后就被任命为教导处主任，

1979年3月就开始了第一轮教改实验，您成长的速度令人吃惊，这速度靠的是什么呢？

魏书生： 还是我带班带得好。我始终相信，老师是为学生服务的，不是为“婆婆”服务的。语文教学“婆婆”多，最外行的领导、文化水平很低的家长都可以指点语文教学，如果把各位“婆婆”的见解都拿来指导自己的话，那这课就彻底没法上了，而且肯定也就离开了学生的实际。我当时提出老师不能把学生当作容器，退一万步说，即使真把学生当容器，你还得研究各种容器口径的大小，也就是学生的接受能力。所以我一开始教书，想的就是学生的需要，学生的感悟，学生的喜怒哀乐，这使我和学生之间的矛盾减到最少，非常融洽。因为总想着人家的接受能力，就教得比较轻松，而一旦学生高高兴兴地学了，也就把“婆婆”们要求咱完成的任务完成了，所以我很快就取得了成绩。

至于当教导处主任，当时是白天知道点儿消息，连夜写辞职报告，天亮就到教育局长家，我说我不能干主任，我愿意教书，想当初是费了好大的劲儿才教上书的。领导就劝我，说我们提拔一个人还是挺慎重的，是对你工作的肯定，还得干。我说你们要是不让我教书和带班我就回工厂了。领导同意我教语文课、当班主任，同时负责1500多名学生的思想教育、德育管理。

王　珺： 为学生服务的观念看上去非常朴素，那您当时对这事儿想得很多很深吗？

魏书生： 没有，我就想咱读书的时候喜欢什么样的老师，感同身受，己所意欲尽施于人。很简单的生存感悟。

王　珺： 您“出名”后经常去各地讲学开会，频繁的社会活动却一点也没影响带班，不但从不请其他老师代课，而且班级秩序井然。于是就有人感到奇怪，觉得您真是挺“神”的，这种评价中多少还有点将信将疑的成分。

魏书生：其实不奇怪也不“神”。当了主任后，又教课又当班主任，使我管理班级的时间少了。我就研究让学生进行自我教育，发挥他们的作用，大家分头承包一些事情，我更多的是观察和指导。很多人觉得我这种管班的方式比较新鲜，似乎没费多少劲儿，就使班级井井有条，学生学得高高兴兴，于是就成了先进典型。别人挺奇怪：你刚教了一年多书，劲儿从哪儿来？我自己分析，还是在于我和学生像一家人，他们都帮着我出主意，我也帮学生出主意，合力大于分力之和。总也没有管学生这个心态，而是为了学生好。到后来当了校长，包括现在这个活儿，都坚持一条：不是管人家，而是为人家好。为人家好，人家就容易接受，大家共同把事情做得更好，让每个人活得更好。

王　珺：“主人管理”这种策略是您当校长时最常用也是最见长的，这种策略是怎么形成的？

魏书生：实际是延续了班级管理的思路。人皆可以为尧舜，向真、向善、向美之心人皆有之，这是肯定的。咱们就是去发现这些，然后帮着人家壮大和发展人性中最美好的那部分。当老师、当校长就是干这事的。怎么帮着人家发展呢？还是一靠民主二靠科学，“民主”让自己获得这么一种观念：所有的活人都是一个世界，所以应该最大限度地去理解和包容，然后才能发现自己内心世界的广阔，自身潜能的巨大，才能增强自己的主人翁意识，增强自己生存的责任感，既是自己命运的主人，也是自己生存的这个单位、这个市、这个省、这个国家和这个地球的一分子。这种主人翁意识就能够激发自己生存、工作和学习的热情。“科学”则是将这种热情用制度、程序落实在具体的时间和空间上。有了民主和科学，很多事真的就好办了，做起来就比较省劲儿，用人家的劲儿，为了人家好，帮人家去办事。

“不较劲儿”，怀抱平常之心追求卓越，如何把握二者关系？

王　珺：有人评价您时说“平常快乐魏书生”，有人却说“你是一个神”。您怎样评价自己？

魏书生：我一直强调平常心。在学校时，总是强调大家用平常的心态去工作，守住宁静。教育局连续7年的“工作计划”，结束语都是号召大家用平常的心态，多做平常的事情。之后是句号而不是感叹号。我觉着人在平常里感觉快乐是最便宜的一件事，因为别人没有办法让你不平常。在平常中品尝人生的快乐，找到自己施展才能的舞台，发现自己学习研究的方向，那你不就是一个天天快乐的人吗？可能因为如此吧，我让人家觉得奇怪：那么小的事他却能做得快快乐乐，所以加了个“神”字。

王　珺：可是，实际上您很成功，肯定有不甘平庸、追求卓越的理想和目标。您认为追求卓越和平常心之间是什么样的关系？

魏书生：我还是强调高高兴兴地活着。因为人很渺小、生命很短暂，所以才应该格外地珍惜，活得快乐一点、有效一点、对别人有用一点。我没怎么想过追求卓越，就愿意多做事，高高兴兴地做事，做了一件事又一件事，如此而已。我说人对着三个世界：外在的大世界、内在的自我世界和本职工作。我的观点是，这个地球上任何一份平凡的工作当你全身心去做的时候，它都是一个宏大的世界，都有无穷无尽的学问。关键在于你怎么看这份平凡的工作。工人做工，产零件，焊器物，农民种田，养鸡、养猪、养花，干进去，真的都是宏大的事情，关键在于你能不能全身心地投入。我说，人和工作之间有五种境界：一是无心无意；二是三心二意；三是半心半意；四是一心一意；五是舍身忘我。当你进入舍身忘我的境界，你做这份平凡的工作时才感到一花一世界，一叶一如来。一杯水一个世界，一滴水一个世界，一个水分子一个世界，这样你钻研起来当然有无穷无尽的乐趣。如果你不这么看，就容易瞧不起有些行业，就容易静不下心来，守不住宁静，你自然灵魂流浪、精神漂泊、思想浮躁。

王　珺：您的观点很有哲学意味，这种人生哲学是怎样形成的？

魏书生：我小时候喜欢墨家，后来也读道家，所以出世的观念和入世的观念融在一起。曾经有一本书让我写名人名言，我写的是“处天外遥望，地球很小；居体内细察，心域极宽”。我用前半句话鞭策自己把大事看小，出得来，放得下，输得起。但如果这样就容易消极避世，所以我用后半句解决这个问题，不小看自己，自己是一个宏大的世界，宏观上极其渺小，微观上非常宏大，那么就要尽到生存的责任，自己都是世界，那眼前做的更是一个世界，拿过来，有滋有味地去做。那活得就便宜，尽到了责任，尝到了乐趣。

王　珺：据说有两本书对您影响特别大。

魏书生：一本是艾思奇的《辩证唯物主义讲课提纲》，另一本是成人学院编的哲学通俗读物，我念初中时得到的，32开，书名记不得了。艾思奇那本被别人借走了没还，想想还挺心疼的。我的认识论、方法论就是那时奠定的。对唯物主义我发自内心地相信，我时常用辩证法告诫自己“过犹不及，万事适度”，这形成了我的世界观和方法论。

王　珺：在这种人生哲学的指导下，您活得特清楚，特明白。那您有没有困惑的时候、不知所措的时候？

魏书生：“文革”期间挨批判时曾经有过。但当时在很多人看来我也是很清醒的，挨完一天批判，晚上照样打拳、练武。因为尽管内心冲突、碰撞，但也觉得“罪有应得”（笑）：“批林批孔”，你要尊孔，“文化大革命”热火朝天，你非不理解。应该说我还是比较清醒，知道咱活在老百姓生活水平不太高的阶段，所以用不着出国转一圈回来埋怨国家落后。有了现实感就知道在自己活着的这段中国能达到什么水平，这样，面对政策和政策打架、制度和制度碰撞等现象就不至于愤懑、不平衡。

王　珺：您是一个清醒的现实主义者，因为看清了也就不去着急，不发牢骚，那您的批判性体现在哪儿？

魏书生：我很少批判，我就是做自己力所能及的事情。我看一些人为这种那种我们目前还办不到的事着急，甚至发牢骚、说谎话，我就想他们是出于好心，但心里知道实现不了。所以我在全国各地讲课，上台总是先说一句话：活着不容易，好好活着。

接下来我就讲马克思主义能使人好好活着，我们尽管不十分文明，但我们比上一辈文明多了，占的便宜多了，所以我们才更应该为发展生产力尽自己的绵薄之力。说起来都是大道理，但是和人们的身边事紧紧连在一起，大伙就爱听。

王 珺：您从 1981 年开始就获得了好多称号，您的简历上都是荣誉，尽是光环。历史上也好，现实中也好，不少人在荣誉面前往往迷失自我。您怎么看待荣誉？

魏书生：我觉得自己比较幸运，说良心话，比我干得苦的、付出力气大的人有得是，人家都没我得到的荣誉多。为了缩小和荣誉之间的差距，就只有更勤奋地工作，更多地干事，才对得起大家的信任。我经常跟别人这么“宣传”自己：我一般不用个人时间干公家的事，下班时间我自己支配，做自己喜欢做的事——看书、锻炼、看电视，我爱看武侠连续剧。公家还给咱荣誉，这不是幸运吗？我发自内心地觉得自己做得不够，也就加重了多做事的心理，想更多地回报。

“重在干事”，身为教育局长出任民办学校校长，如何应对外界说法？

王 珺：成名多年，您的名字已经成了品牌，有些地方成立了魏书生教育思想研究会之类的机构，听说，在浙江有一所民办学校用您的名字命名。

魏书生：在台州市，叫书生中学，我出任校长。现在已经办了两所，另一所是我们书生中学派出一个副书记去当校长。两所学校都是股份制。

王　珺：您作为教育局长同时兼任一所民办中学的校长，其他地方有没有什么说法？您怎么看自己这种多重身份？

魏书生：其他地方有异议毫无关系，关键取决于盘锦市怎么看。我是7年前在盘锦实验中学当校长的时候开始办那个学校的，当时也请示了市委书记等领导，他们说干这个挺好。一个人多干活，怎么不好？我知道大伙关心的就是你干完活要不要钱，咱不要钱就行啦。上个世纪我说我在本世纪内不要钱，后来当公务员了（做了教育局长），我说本人当公务员期间不要钱。有的中国人总是不研究干事的过程，而是研究结果的分配过程，把分配看得太重，反倒把干事的过程淡化了。我的观念是先研究这个人干了多少事，通过这个人干事的过程和创造的效益，来判断他的价值。但当大家的观念没有转变的时候，作为我个人，特别是一名共产党员，还是应该避开舆论，所以一分钱也不要。

王　珺：里边也有您的股份吗？

魏书生：没有，原来是要给我算多少股，我说千万不能算，算了就不好干事了，只有这样赤条条，才能来去无牵挂，更有领导权，更有说服力，反倒省事了。

王　珺：您又化繁为简了。是把那里作为试验田实现您的另一种追求吗？

魏书生：对，当时有的专家说这是全国第一家股份制学校，各地也认为这个体制挺有意思，不过开始还是众说纷纭。股份制？这不是胡闹吗？资本具有寻利性，而《教育法》上写得很清楚，不许以营利为目的——它俩水火不相容。于是就较劲儿，非得叫它俩斗。我呢，尽可能避开这个风险，我说我是为了干事，不是为了营利，我事先就说了，要是急于要回报的就别入股，而且大股东不要回报，在某种意义上含有捐资的意思。现在学校运行还是挺好的，在校生 3300 多人。

王　珺：在这种试验中您对校长的职能和角色有什么新的认识？

魏书生：与公办学校比，老师们来自全国各地，没有归属感，我们争取当地领导的支持，把老师们的编制上在当地的人事局和教育局，经过两三年的努力，办到了；职称、养老保险也都解决了。当时是台州市椒江区区委书记、副书记、副区长、教育局长到我家来，谈办这所学校的意向，在某种意义上是当地政府出面办的，我呢，做个管理者的角色，相对来说就好办得多。

王　珺：您对书生中学的管理主要是一种什么样的方式？

魏书生：总的说来，一靠民主，二靠科学，招聘几十、上百号人，然后定程序、定计划、定制度，最初是教师的招聘，一个个都要看了，中层领导、校级领导的任命，包括常务副校长都是我选的。对学生我要求每天写日记、抄格言、读课外书、唱歌、跑步，对老师我要求都要在教室办公，因为我一直在教室办公，这都是一致的。基本上是这些细致的管理。

“不慌不忙”，身兼数职，如何协调各种关系？

王　珺：您好像一直是个多重身份的人，职位不断提升，却一直坚持教课。大家感兴趣的是，您作为教育局长在中学任教，如何处理与那个学校的校长的关系？人家怎么管理您？会不会感到不自在？

魏书生：我1997年到教育局，同时还在原来的市实验中学教语文，每天一节课，当了6年局长，教了6年语文。我还是强调做事情，把课教了就完了。实验中学的校长原来就是我的副校长，我们处了20多年，非常好，像一个人一样。实验中学我那个班的学生去年毕业了，因为搬家，现在我在职业技术学院师范系教两个班的语文教学法，一周四节课。1998年到2000年我在那儿当院长，现在我在那儿教课，职院院长也没什么想法呀，倒是找我商量工作更方便了。

王　珺：身兼数职，看上去您却不紧不慢，很从容的样子。难道分身有术？

魏书生：我是提倡苦中求乐、忙中求闲、失中求得、闹中求静。也不能说我生存的环境不喧嚣，但我的内心可以说是比较宁静的。我这些工作加在一块，就外人来看，应该说比较忙，但是不管怎么忙，我真的是感觉很轻闲。因为即使有一万件事，也只能选择干一件，我只能是不慌不忙，乱没有用，急也没有用，所以好多人说我是慢性子。以1998年为例，我教一个班的语文；同时任浙江书生中学的校长，不是副校长，办校初期还是挺费事的；在刚建院的职业技术学院，我是院长，不是副院长；在教育局我是书记和局长，干的都是实实在在的活，没法逃避的活，但我仍然没有忙的感觉。处理书生中学的事，周六周日去，这边的事我就全放下，到那儿不慌不忙的，有几件事，办几件事，周一回来照样给学生上课。8点钟赶到这儿来，领着教育局机关的员工做操，我做操可能是最认真、最规范的。做完操到职院去看看有什么事需要解决。忙只能增加心理负担，增加焦虑的情绪，还会导致智力低下。自己要想清楚，哪个是不做不行的，哪个是副职、助手能做的，哪个是再拖两天没问题的，还有的事你再拖一个月没准儿就自动解决了。不是分身有术，而是我强调一靠民主、二靠科学。所谓民主，是为大家办事，靠大家的力量；所谓科学，实际就是重视建立计划、制度、规矩、程序。

王　珺：当了局长后，您对校长们是怎么管理的？

魏书生：还是服务。我承诺要求学校一把手参加的会一年就开六个，超过六次你就可以不来，拒开。我们教育局肯定是全中国开会最少的局。我理解校长的难处，时间都用在开会上，深入课堂的时间就少了。因为要求不高，所以没有谁不来，也没有谁不准时来。我要求人家的时候先从人家的角度想，人家能不能接受，有可能性再提要求，提也是为人家好。

王　珺：您当过班主任、校长，现在是教育局长，这三个角色您最喜欢哪个，自认为最胜任哪个？

魏书生：最胜任的还是班主任。一个人哪，管理的事情越小，他的主动权就越大，受外界制约因素就越少，能施行的力度就越大。

王　珺：可是一个班主任和一个局长比起来肯定还是局长的权力大啊。

魏书生：但权力大了，你主观上所能发挥影响的力度也就小了，为什么呢？每个人都沿着自己原来思维、生存的惯性在运转，而一个局长对人家只是起一部分作用。成年的老师，你能对他起多大作用？就算起作用也还要通过校长。而一个校长，你想想，他有他的辛苦，有他的思维习惯，局长对他的制约、影响是有限度的。还有，你定的这些规矩制度，还要受周围大环境的影响，所以相对来说，个人的主观意志对管这么多事产生的影响和管这么一个班产生的影响比起来，你说哪个大哪个小？当然也加上当班主任面对的是学生，学生的可塑性强，人又少，时间又比较集中，可变的因素就少多了。所以人做小事，主观上对这件小事起的作用更大，更得心应手。所以说我最适合当个班主任。

王　珺：走到现在这个位置，可以看作是您既定目标的达成吗？原来当老师的时候想过这样发展吗？

魏书生：没想过，我当老师很安心，让我当教导主任我发自内心地想辞职。后来当校长当局长都是顺其自然，我没去争取，当然也没有拒绝，也愿意尝试。过去我的确拒绝过从政，20 年前，曾有非常好的机遇，但那时候我就觉得当班主任是我最喜欢的事。

王　珺：现在更喜欢哪个角色？

魏书生：（略沉思）还是班主任。我觉得更能体现自己的思想，更能随着自己的意志做事。

刊于《中国教育报》2004 年 2 月 24 日，原文标题为“魏书生的‘关系’哲学”

李吉林：长大的儿童

李吉林：著名儿童教育家，情境教育创始人，江苏省首批特级教师，江苏省荣誉教授。现任江苏省情境教育研究所所长。先后出版《为儿童的学习》《情境教育三部曲》等 20 余本专著。2006 年出版了 8 卷本《李吉林文集》。

走出位于南通老街官地街的家，穿过弯弯曲曲的里弄，在街上遇见的人都用南通话唤她“李老师”，她也用南通话同这些阿婆、阿姨们亲切地打招呼。

经过天宁寺，路过南通中学，拐几个弯，过一条马路，就到了她任教的南通师范第二附属小学。这条路她走了 50 多年，路边的风景不断变换，她也从18岁的“老师姐姐”变成了年逾七旬的“老师奶奶”。

街市热闹，她却极少流连，而常常沉醉于某个问题的思考中。就如她当教师、搞情境教育研究，几十年来从不左顾右盼，因为她“坚信自己的选择”。

全国“五一劳动奖章”获得者，第七届全国人民代表大会主席团成员，中国教育学会副会长，全国小学语文教学研究会及中国教育实验研究会副会长……荣誉的光环照亮了李吉林的名字，李吉林却更愿意别人叫她“长大的儿童”。

写　诗

李吉林说：“其实教师也是诗人，教师的诗是写在学生心田里的明天的诗。”

有一年，两只小鸟飞进了李吉林家的院子，看着它们飞来飞去，衔着树枝枯草在树的枝叶间搭窝造房，已经当了奶奶的李吉林如孩子般兴奋。她不断提醒小孙子，从树下走过一定要轻一点，千万别惊动了小鸟。她满怀童心地憧憬着：“让它们在这小小的庭院里安家落户，我们的家，不就成了小鸟的家吗！”

让我们将时间的指针回拨再回拨。初三暑假，李吉林报考了南通女子师范学校，当时的班主任李传椿对她说：“考师范，当教师，很好。要知道，教师，也是诗人。”

怀着这颗诗心，她渴望用情感扇动想象的翅膀，让孩子的思维飞起来，让孩子的心儿飞起来，让他们快乐地飞向美的、智慧的、无限光明的童话般的王国。从毫无经验的新教师到在语文教学领域崭露头角的青年教师，李吉林教师生涯的第一个十年像一支节奏明快的圆舞曲，有秋的愁思，但更多的却是春的遐想。

憧憬的诗句没有写下多久，阴霾就遮蔽了天空。1966 年，伴随着那场灾难性浩劫的开始，李吉林也一夜间成了“小学里的反动学术权威”，凄风苦雨下早已没有了写诗的心情与环境。然而，习惯了向上的灵魂是不甘于沉沦的。她常默念着三句话砥砺自己：第一句是普希金的“心憧憬着未来”，第二句是高尔基的“我从小就是在和周围的环境不断斗争中长大的”，第三句是毛泽东的“人是应该有点精神的”。在那个无诗的年代，这些话就成了她写在心里的诗。

当阴霾散去，雨过天晴，李吉林虽已年届不惑，却备感精神焕发。铺开白纸，她决意重新写一首诗。也许她并未料到，这将是一首辉煌的教育诗。

1978 年暑假，一直教中高年级的李吉林带着改革的热情向校长请求从一年级教起。

当时普遍单调、呆板、低效的课堂令她忧心忡忡。结合自己 20 年来的教学实践和对孩子心理发展的研究，她大胆改变了低年级语文教学以识字为主的传统方法，从一年级上学期就进行大量的“说一句话”的训练，3 个月后开始“口头作文”，下学期进行每天“写一句话”的训练，二年级就开始写命题作文和观察日记。适当增加学习的难度，满足了小学生的好奇心和求知欲，使他们的智力得到了较好的发展。

从外语教学的情景训练中得到启示，又从中国古代文论“意境说”中汲取营养，以实践为土壤，探索建立具有中国特色的情景交融的教学模式。“情境教学”的萌芽看似偶然，其实隐藏着必然，其产生和发展是与李吉林的课堂实验、理论学习相生相伴的。

2008年，李吉林首届实验班的学生们从四面八方会聚南通，为老师庆祝从教50周年。纪念日那天，走进李老师家的客厅，他们惊喜地看到，长条桌上整齐地摆放着他们小学时的作文本。

他们不会忘记，跟随李老师在开满野花的小河畔寻找蒲公英的清晨，他们也不会忘记，李老师带领大家在濠河边吃着月饼赏月的夜晚。然而，他们未必知道，为了优选环境，从学校北边的田野、小沟渠到孝光塔、城南的公园桥畔，都留下了李老师的足迹。他们未必知道，当找到理想的秋天田野的典型场景时，李老师何等兴奋，她恨不得见人就说：“哎，我找到了，明天成了！”

现在，他们明白了，李老师用辛勤的付出为他们带来快乐的体验，这种体验将观察、思维、想象相结合，进而激发情感，触发语言表达的动机。现在，他们为当年的自己从什么时候开始变得不怕作文甚至爱上作文这个问题找到了答案。

没错，李吉林的班上几乎没有学生再惧怕作文。有个男生在日记里写道：“今天我病了，想到李老师要讲评作文，我听不到了，心里怪难受的。”连李吉林也感动不已，原来作文真会达到一种“高兴地鸣发内心的感受”“不容自遏地说”的境界。1980年春天，李吉林带的这个班出版了一本《小学生观察日记》，她用每人的5元稿费，帮他们买了白球鞋。

二年级下学期，李吉林在作文课上带领学生观察小鸭子，当王许成作为老师的小助手，用事先准备好的饭粒和蚯蚓在全班同学面前喂鸭子时，同学们都有些吃惊——他是个落后的孩子，怎么能做这么有趣的事情？而“留级生”王许成也感受着不曾有过的骄傲和自豪。

这个脸色黄黑，父母住在乡下，平时跟着奶奶生活的男孩看上去是个与集体有距离感的孩子。为了让他丢掉留过两次级的“包袱”，尽快赶上同学们的脚步，李吉林在他进班之前就给班里的学生打了“预防针”：“他比我们大两岁，是我们的大哥哥。”并想方设法把他的成绩提上去，让他感觉“我也行”：容易的问题请他回答；观察日记写得错别字连篇，却表扬他“完成了作业，很好”；在作文中会用“挽着奶奶的胳膊”表达亲情，就在那行字下用红笔画圈并在班上热情地表扬他的进步……

在李吉林看来，学生都是平等的，对这样的孩子更要注意培养自尊感和自信心。在李吉林的鼓励、赞赏中，王许成越来越自信了，成绩也有了很大提高。

看到有些学生的家长下岗，曾经也是穷孩子的李吉林担心这些孩子的心理会受到影响，产生自卑情绪，就悄悄地通知了学校里 100 个“特困生”，给他们讲自己童年的故事，并用刚得的奖金为他们每人订了一年《百家作文》杂志，还在春节前送给他们大礼包。

她以教师特有的洞察力关注着每一个孩子，为他们提供情感的支撑。

她说：“诗人是令人羡慕的，其实教师也是用心血在写诗，那是写在学生心田里的明天的诗。”

求 索

李吉林说：“对儿童的爱使我不怕吃苦、不怕麻烦，意志使我体验到作为人的一种力量。”

为了减轻母亲的负担，早一点给含辛茹苦的母亲带来安定的生活，以优异成绩从南通女子师范学校毕业的李吉林放弃了考大学的机会，于1956年秋走进女师附小（后更名为南通师范第二附属小学），成为一名小学语文教师。

她本是爱玩的，篮球、排球、羽毛球，样样喜欢，但“当老师，就当好老师，当孩子喜欢的老师”，为了达到这个目标，她索性搬到学校来住。每天清晨5点半起床，在荷花池旁读诗、背诗；晚上吃完饭便埋首于灯下，读教育理论书籍。她用冷水浴锻炼自己的意志和体格，即使是数九寒天，盆边上的水都结了冰，她也照样坚持。

1958年，初尝教师幸福滋味的李吉林受江苏省教育厅之邀到南京编教材，结识了两位搞文学评论的专家，他们的学识令她仰慕，也更坚定了她读书学习的信念。她向他们借了许多文学名著，利用晚上、星期天的时间津津有味地读着，在她眼中，书里的世界比南京街头的霓虹灯更绚烂夺目。

1978年初秋，当她得知自己受邀携论文参加江苏省教育学会成立大会，便开始思考写什么的问题。结合自己的教学实践，她首先想到小学语文教师是可以把孩子教聪明的，便决定围绕这点来写。恰在此时，她从《光明日报》上读到一篇有关“发展儿童智力”的文章，这给她的论题增加了一定的理论支撑。从一位老师那儿借来一本薄薄的《小学生心理特点》，她便如获至宝，细心研读、摘抄。

“我觉得自己就如同最常见的丝瓜、扁豆，它们是可以攀援向上的，但是需要棚架的支撑，没有支撑，只能趴在地上，不可能向上攀去，也就结不起多少果实来。此时我产生了用理论支撑我的经验世界的想法。”改革的迫切心情催生了她学习理论的动力，文学的、心理学的、教育学的、美学的、教学论的，中国的、外国的，甚至古代的，各类书籍她都尽力去读。寒暑假，她谢绝一次次外出疗养的邀请，利用相对集中的空余时间读书。她的许多感受、认识、主张、思想，便来自这种热切而认真的学习和思考。

在徒弟丁伟的眼里，李吉林是个学习家，从不惮于向名人大家请教。

1980 年秋天，李吉林在一次会议上结识了《给教师的建议》中文版译者杜殿坤。当时杜教授鼓励她“应该形成自己的小学语文教学体系”。此后每次去上海，她都会去拜访杜教授。“杜老师的谈话中总是强调儿童发展，所以我逐渐形成了‘一切为了儿童发展’的理念。”他指导李吉林将情境教学发展为一种“发展性的教学”。在 1986 年完成的《情境教学实验和研究》一书中，李吉林将“情境教学与儿童发展的关系”作为一章进行阐述。

杜殿坤常向李吉林介绍一些国外的教改前沿信息，读了他推荐的有关“场论”的文章，李吉林的思想便不断发酵，悟出自己在课堂上创设的情境实际上就是一个“场”，以此为认识基础，经过十年的研究和实践感悟，1996 年提出情境教育基本原理之一的“心理场整合原理”。

向书本学习、向专家学习、向实践学习，李吉林不仅读，而且写，她写随笔、散文，写论文、专著……厚重的理论成果渐渐成为这位在教改路上孜孜求索的小学教师站在讲台上的独特背景。

令人惊叹的是，这些文章大多是李吉林50岁以后写的。“那时候写文章，也不知道要评职称，只是觉得工作做一段，就应该总结。”为了写这些文章，她常常夜以继日，有时连春节也不休息。夏天，家里没空调，就搬个小凳子，坐到门口有风的地方写；冬天脚冷就用玻璃瓶灌上热水放到盒子里暖脚。

李吉林说：“对儿童的爱使我不怕吃苦、不怕麻烦，意志使我体验到作为人的一种力量。”

在这种自觉的钻研中，情境教学的理论体系得以不断完善，面对新世纪基础教育的挑战，李吉林又大胆提出了情境教育的构想。

播　种

“我不是农民，却是播种者。”这是李吉林的自我定位。

“我1978年入学，是李老师教改实验班的第一届学生。”唐颖颖和班中的许多同学一样，至今还记得李老师当年教给他们的儿歌，以及跟着李老师到野外找春天的情景。她自己也说不清梦想的种子是什么时候埋下的，但因为“喜欢孩子，喜欢像李老师一样做个教师”，从南通中学毕业，尽管过了重点中学的分数线，她还是选择了南通师范。1989 年，她回到母校通师二附小当了一名教师，并于第二年进入学校成立的青年教师培训中心，幸运地成为李老师的第一批徒弟。

教育是薪火相传的事业，李吉林以教育家的远见卓识提出“建设跨世纪优秀教师群体”的构想，1990 年春，江苏省第一个以学校为基地的青年教师培训中心成立了。

现在已是南通市一所小学副校长的张洪涛当年是个贪玩、调皮的大男孩。“参加培训的最初两年，因为‘野’惯了，我常常交不齐李老师布置的作业，但没想到李老师不仅没有批评我这个‘后进生’，而且表扬我已经交的一些作业。”培训进入第三年，李吉林还提议他担任培训中心的班长，使他感受到，李老师不但能充分认识儿童，对青年教师也无比了解，“她从不用行政手段强迫大家做什么，大家却都自觉自愿地认真完成”。

李老师的赏识使“长不大的儿童”张洪涛开始长大了，开始学着像李老师一样规划自己的教育人生。“每一次公开课、赛课李老师都亲自辅导，甚至一句话怎么说她都演示。她的主意特别多，我们有时候有点怕她，因为她经常会琢磨出新点子，推翻本已商量好的方案。我现在还留有一叠教案纸，上面密密麻麻都是李老师用铅笔修改的痕迹。”

青培中心成立后的第一个寒假，唐颖颖把自己练字的作业交给李老师，李吉林语重心长地对她说：“作为小学教师，特别是低年级教师，你的字就是对孩子的引导。”她送了一本字帖给唐颖颖。“刚工作时，嗓子哑了，李老师把别人送她的西洋参给我，还给我抄中药方子，并教我用嗓子。”这些温暖的记忆让唐颖颖体会到李吉林对青年教师的慈母之爱。

在徒弟们眼里，李吉林就像个邻家阿婆，遇到热闹也爱凑一凑，看见年轻人总穿黑色、灰色衣服，就直言“不好看不好看”。

与张洪涛、唐颖颖那批教师比，丁伟算是李吉林新生代的徒弟，她也珍藏着李老师反复修改过的一沓沓教案纸。

有一件事让丁伟难忘。2003年学校让她参加市里的一个教学比赛。由于态度上不够重视，比赛成绩不理想。大家都说：“不是平时上课挺多的吗？怎么上成这样？”她当时最不敢面对的是李老师，“可李老师没有找我，这件事就这样过去了。一个多月后，李老师找我过去，让我备《装满昆虫的衣袋》，在校内展示，并说：把这堂课备备好，上上好，打个翻身仗！”原来，李老师怕她就此消极，就此放弃，以这样看似随意、实则用心的方式让她重振旗鼓。李吉林的包容换来的是年轻教师对学生的包容。“用发展的眼光看学生，为学生创造机会、搭建舞台是我最重要的成长。”丁伟说。

李吉林对青年教师的影响并不局限于学校的语文教师，在李吉林的带动下，整个学校都沐浴在情境教育的阳光下。

鼓励年轻教师“自信地想、快乐地想”，提醒他们“从学生的角度去想，研究针对学生的学设计教师的教”，在李吉林的悉心指导下，数十位年轻教师在各自的学科脱颖而出，情境教育的种子得以在更大范围内播撒、萌芽。

上了小学的孙女曾对李吉林说：“奶奶，我发现你像个小孩子，我喜欢和你玩。”听罢孙女的话，她无比惊喜！她认定这是一种赞誉，“因为儿童说我像儿童，大概我是真的有点像儿童了”。

这种“像”更源于“懂”。她说:“我们的孩子，每日走进学校，不仅仅是为明天的辉煌作好准备，而且也是为了今天童年精神生活的需要。”这种“懂”使她为“小孩子没得玩，大孩子没得觉睡”的应试现实而深深地痛心，使她无论多忙，下课铃响后都要起身看看哪个教室的门没有打开，提醒老师不要拖堂。这场景不禁使人想起原国家教委副主任柳斌对李吉林的赞誉：有情有境导童稚，无怨无悔见精神。

刊于《中国教育报》2012 年 4 月 3 日

蔡林森：看，这个倔老头儿

蔡林森：江苏省洋思中学校长，中学特级教师。在实践中确立了“没有教不好的学生”的教育思想，创立了“先学后教，当堂训练”的教学模式。荣获全国劳动模范、江苏省名校长、全国十大明星校长等称号。出版《教学革命——蔡林森与先学后教》《蔡林森：学校管理变革》《蔡林森：从洋思到永威》等。

蔡林森两年前（2002年）就到了退休年龄，可是洋思中学需要他，他也离不开洋思中学，所以62岁的他仍是这所著名学校的“掌门人”。

洋思中学太有名了。每天，学校门前都聚集着来自全国各地的车辆，这些汽车载着上百人来这里参观、学习。这些人大多是各地的老师、校长以及教育局的领导，他们来的目的简单说就是“取经”。

1994年，洋思中学这所普通的农村联办初中以其“先学后教，当堂训练”的教学模式和“没有教不好的学生”的办学理念而声名鹊起。大家惊奇于这所1980年建立的“设备三流、生源三流、师资三流”的农村初中何以创出了一流的成绩。有人将这所学校的发展概括为“一个朴素的教育奇迹”。随着洋思中学课堂教学模式的不断完善和发展，在新课程改革开始的时候，人们又惊讶地发现，洋思中学“先学后教，当堂训练”这8个字的内涵与新课程倡导的自主学习、合作学习等理念竟如此吻合！这又一次证明了洋思经验的生命力所在。

建校时任教导主任，两年后即掌管这所学校，可以说，洋思中学是蔡林森一手缔造的。那么，他是个怎样的人物？抑或，这个创造奇迹的人本身就是一个奇迹？采访之前，我对采访对象充满了好奇。

但蔡林森真的不像一个校长——如果校长有固定模式的话——他更像个质朴的老农：憨厚，直率，甚至固执。采访过程中，他经常是顺着自己的思路一路说下去，几乎容不得人插嘴。说起他的学生，他又像个慈祥的老爷爷，眼中充满关爱。“我认准的事一定要干，非干不行，非干成不行，再大的困难也要干成。”他这一番表白让人忍不住在心里说：“这个倔老头儿！”

“庄稼长不好，责任在农民”

王　珺：“没有教不好的学生”是洋思中学一个响亮的口号，而且被您写进了校歌。您真的打心眼儿里这么想吗？

蔡林森：是啊！我们学校大约在 1985 年就这么提了，出发点就是关心困难学生，不放弃他们。有人说我这句话太绝对、不科学，我敢用我 20 年的实践反驳。我跟老师们说，我们要向农民学习，农民看见庄稼生虫了，他不会怪庄稼不好，他会想自己为什么没有除虫呢；看见庄稼瘦了，他会想自己为什么没有施肥呢；看见庄稼枯了，他会想自己为什么不浇水呢。一句话，他相信，每一棵小苗本来都可以长好，如果出了问题，是农民自己的责任。一样的道理，学生没有学好，肯定不是这个学生不可教，而是我们的老师没有本领或者失职，只能说是教育的失败。

王　珺：这样的口号其他许多学校也提过，但真正付诸行动并取得成效的却很少，这也是洋思成功的秘密之一吧？

蔡林森：倡导平等教育是我们的特色，“没有教不好的学生”是实施平等教育的信念支撑。我对老师讲，有了这个思想，你才能真心实意地去教育学生。相信不相信每一个学生都能教好，这是教育是真还是假的试金石。相信，你才能真心实意、努力想办法地去教；不相信，你的工作必然是不负责任的、搞形式主义的、被动应付的。

王　珺：您这种平等的观念是怎么形成的？

蔡林森：我出生在富农家庭，出身不好在那个时代是受歧视的。我小时候是个好学生，“文革”时是“可教育好的子女”的典型，还是优秀教师，但是我再优秀都入不了党，转不了正（一直是民办教师），直到1982年才入党。所以我知道遭受不公平待遇是痛苦的，另外，我家里生活也很困难，所以我能体会穷孩子的苦处。无论是学习困难还是生活困难的孩子都不容易，他们需要更多的关心。

王　珺：在学校里有没有可能实现真正的平等?

蔡林森：我告诉你，我们学校什么方面都尽量体现平等，没有平等就谈不上教育嘛。人都是有感情的，不平等孩子就会生气，就会对你有意见，你讲的东西他会反感，根本不会听你的，甚至还会做坏事。不平等的教育可能使孩子生出仇恨，甚至会酿成大祸，我是提到这个高度来看这个问题的。所以我们从来不分快慢班，每个班都有各种层次的学生，比较平衡。排座位也是好学生、“差”学生搭配，有的学生近视了，需要调座位，我也不让老师指定，而是让学生自己解决，这样，帮助人的和被帮助的都很愉快，也避免了不公平。吃饭也一样，8个人一桌，值日生负责公平分餐。有的学校用磁卡打饭，往往是先来的吃好的，条件好的吃好的，给学生造成不平等的感觉。在生活上我一方面让学生感到平等，一方面鼓励他们艰苦朴素，这样，条件差的孩子就不会感到自卑。

王　珺：既然说“没有教不好的学生”，那怎样才算是“教好”了呢?

蔡林森：这有个“标准”问题，举例说吧，今年初一我们招了900多名学生，进来时有200多人成绩都不好，有的一门功课仅考十几分。一个月后，我们进行摸底，看看教学效果，结果一个班只有5个人不及格；还有一个班，48个学生，其中42人英语得了满分。这叫什么？这就是教好了呀。可我们有的老师却不这样看，有一次，我看见一个学生被老师叫到办公室谈话，我就问他考了多少分，他说“64分”。老师说，他如果认真的话可以考到84，我又问他来时考多少，他答“40多分”。我就说：你的进步快得很。我又对那位老师说：你应该表扬他而不是批评他。什么叫“好”，要看发展，发展了就是好，进步了就是好。

王　珺：从生活到课堂都强调关注“差生”的发展，会不会阻碍好学生的发展呢？

蔡林森：我们“先学后教，当堂训练”的教学模式本身就是培养尖子生的呀，因为在课堂上他们常常扮演小老师的角色。比如，数学课好学生看例题，“差”学生看例题，然后是好学生模仿例题做习题，“差”学生也一样，这两步是同步进行的，结果好学生做对了，“差”学生做错了。下一步，老师把错误写在黑板上，请好学生起来更正，并讲为什么这样改。这样好学生理解得更深了，并获得了“免疫功能”。如果仅靠老师讲，我保证他听不到这个水平。我们的作业有必做题和选做题，好学生有的是发展的空间，因为他们学得自由啊。

王　珺：有人认为洋思中学搞的还是应试教育的一套。您有没有听到过这样的说法？

蔡林森：是有人说我引导“差生”学好功课是应试教育。我不承认，因为应试教育是不关心“差生”，只抓少数几个升学有望的学生。首先，把“差生”一步步引到学好功课肯定是素质教育，面向全体就是素质教育。第二，表面上我只是引导“差生”

学好功课，实际上他集中精力学功课就没有工夫打架了，在学习中慢慢地他也学会了吃苦，树立了理想，人生观都会发生变化，能说素质没得到提高吗？我的“差生”在品行上也搞“周周清”，每个星期都要给有进步的学生插红旗。我从不吝惜表扬，3100个学生，有时候我会发3100封喜报。那些调皮捣蛋的孩子从来没有得到过这种奖励，家长看了都很感动，孩子也高兴，慢慢地他就进步了。我认为教好“差生”没有捷径，还是要扎扎实实地干，教他们学好功课，学会做人。

“校长的工作就是抓协调”

王　珺：听说您原来一直住在学生宿舍，您作为校长的一天通常是怎么开始的？

蔡林森：最近两年没有住了，年龄大了，大家照顾我，现在是几位副校长住学生宿舍。这样做的好处是和学生距离近，便于管理。

我一般比学生早起半个小时，学生六点钟起床，我是五点半。学校打起床铃的时候我已经走出了宿舍，到学生公寓转一转，看哪些宿舍没有灯光，也没有声音（为了让学生睡好觉，学校规定不准提前起床），早锻炼时我会对学生讲，今天我到哪个公寓走了走，一点声音也没有，我知道你们睡得香，我很高兴，这样你们白天才有精力学习。学生6:15到操场早锻炼，我也到场，给学生讲上三言两语，常常是有感而发，比方说：同学们，昨天我看到大家吃饭，吃得饱、吃得好，我觉得你们懂事了，我非常高兴；或者说：同学们，天凉了，我看到你们添了衣服，我很高兴，这样你们就不会感冒了，没带够衣服的同学，可以回家拿一下。这些话同学们听了觉得温暖。放假之前（每月放一次）我就对他们说：今天下午，你们就能见到爸爸妈妈了，上车下车一定要注意安全。学生会感到我在关心他，在这样的关心里他们自然会变得懂事起来。

王　珺：洋思中学被树为素质教育的典范，您怎么看待学生的考试分数呢？

蔡林森：我有个观点已经讲了快20年了：中考的分数是综合因素的结果，实际上其中的因素都是积极的，调动一切积极因素，中考分数就高。表面上看，中考分数反映的仅仅是学生的成绩，其实基本上也反映了品行和体质。一般来讲，成绩不错的孩子，身体也还可以，如果身体差了，老是生病，成绩肯定要下降；第二，分数高可以看出这个孩子是勤奋学习的，不勤奋他的成绩会好吗？另外，成绩好的孩子也应该是守纪的，是有信心、有目标的。一般说，当然也不好绝对，分数高的孩子全面素质高些。所以我们学校的首要任务还是教育孩子学好文化知识，当然，思想、身体各方面也要搞好。这就像打仗一样，既需要兵马，也需要军饷，因为战争的胜利与这些都有关系。所以不要孤立地把学习文化看作是学习知识，要懂得协调发展。

王　珺：据说您最喜欢看的书是《三国演义》，听您说话也发现您特别喜欢拿“打仗”作比，那您说校长对一个学校来说是个什么样的角色呢？

蔡林森：校长啊，就像各个阵地、方方面面的总指挥。我做校长22年了，开始的时候就觉得校长要带头，校长带了头，大家拼命干。但是忽视了协调，就出现了矛盾，甚至矛盾激化，影响学校的整体工作。慢慢地我认识到学校是部机器，要想教育质量高，就必须让它的每一个部件协调运作，校长的工作就是抓协调。

王　珺：能不能讲个故事？

蔡林森：有一次我在食堂吃晚饭，看到初三的同学吃得特别快，我就在第二天早锻炼时对学生讲：你们吃饭的时间太短了，吃不饱，晚上要饿的，这是大事，对学习也不利。谁知后来学生给我写了封信，说：您知道为什么我们吃得快吗，我们的老师叫我们几点钟要到教室去。您想想看，我们要把饭吃饱，又要回宿舍洗澡，然后再到教室，时间够吗？原来如此。我知道这时候就需要校长来协调了，我让老师算个账，学生正常吃饭需要多长时间，洗碗要多长时间，往宿舍走要多长时间，洗澡要多长时间。算完了，老师也信服了。我对老师说，你不让孩子吃好饭、洗好澡，不是给他们增加人为的困难吗？中央讲我们国家的经济要讲究协调发展，我说我们学校也要讲协调。3000多学生，190个老师，不讲协调，就会你干扰我，我干扰你。

王　珺：就是说在学校的协调发展方面校长的作用非常重要。

蔡林森：校长要不断提醒老师，因为教数学的老师常常考虑的是数学，教语文的考虑的是语文，他们考虑的是局部，校长则要看全局。整个学校要协调，这门功课和那门功课要协调，政治思想工作和文化知识学习要协调，教学与后勤要协调，领导和教师要协调，教师和学生要协调，整个学校就是一部大机器，每个人都发挥自己的作用，校长的责任是提醒和鼓励。

“不要认为人本主义就不要规范”

王　珺：来采访之前，就听说洋思中学的管理非常严格，有些人不甚理解，认为这种近乎苛刻的管理限制了师生的自由和他们自我管理的空间。您觉得这种批评是否有道理？

蔡林森：这个问题要讲辩证法，要从实际出发，让学生张扬个性，不等于放任自流。我们国家制定发展政策的依据是国情，社会主义初级阶段的学校也一样，老师、学生的觉悟还没有达到共产主义那样的高度，特别是学生，他们的年龄小，行为必须规范，通过规范，使他们的行为向完美的方向发展。我们学校把中学生规范细化，比如，学生从楼上下来，都是一个班一个班地排好队。我觉得这是必要的秩序，否则，3000 多学生同时涌向食堂，会造成许多安全隐患。坐到饭桌前，也是先来的等后来的，都到齐了再吃饭。这些生活细节实际上也是教育，日子长了学生会习惯，习惯了他就不会感到痛苦，相反会感到自豪：我讲文明，守秩序。规范的要求使学生的日常行为理性化了，变得有道德了。

至于是不是限制了自由，我有个标准，就是看学生的脸上有没有笑容，校园里有没有歌声。你刚才也看到了，我们的学生走在队伍里是很开心的。

王　珺：在这种严格的管理中，个体的需要能否得到满足？

蔡林森：当然，比如饭不够可以添，生病了想吃粥、喝汤给开小灶，早锻炼生病的孩子可以不去。我们既有统一要求，也满足个体的需要，规范中也有特殊，而且还要民主。我们的民主体现在什么地方呢？比如我们几点钟起床、几点钟熄灯，都是由学生讨论决定的。再有，学校的孩子来自全国各地，北方的孩子觉得冬天用冷水洗碗太冷又洗不干净，学校就装了个热水箱。规范不等于教条，所有规章制度都必须代表学生利益，一代表他们的长久利益、根本利益，这就是教他们学会做人；二代表眼前利益、实际利益，让学生知道这些规矩是为了他好，而不是让他受罪。我认为这就是人本主义，不要认为人本主义就没有规范。

王　珺：大家都知道，您是特别能吃苦的，并且以苦为乐，您也这么要求学校的老师吗？他们是否都能接受？

蔡林森：校长能吃苦，老师就会肯吃苦，主流上大家做到了，已经在学校形成了一种风气。年轻老师刚来时可能不习惯，但我们也不让他吃亏，吃了苦我们给奖金。

王　珺：您教育年轻老师说，到了洋思就像到了井冈山，心里永远有希望。您说的这个希望是什么呢？

蔡林森：他们到这里，教育思想不断更新，教学能力增强了，成为骨干教师，这对他们一生的发展都有好处。可以说洋思中学是一个很好的锻炼场所，有人说它是好教师的摇篮。

王　珺：那您不怕老师跳槽？

蔡林森：多数老师还是喜欢这里的。我也尽量给老师实惠，让他们逐步富起来。我对自己要求高，但老师毕竟年轻，家里有小孩，我尽量考虑他们的利益，所以他们都有满足感。这也是群众观点，是学校打品牌不可缺少的。

“我对教育的感情好比宗教信徒”

王　珺：您的人生哲学是吃苦是福，您怎么理解幸福？

蔡林森：我总觉得吃苦是件高兴的事情，觉得自己实现了人生价值。吃苦常常是为了某种目标，所以吃苦时总是充满了希望，有成就感。本来我两年前就该退休，有民办学校要我去当校长，承诺给我 50 万年薪，还要给我 300 万的股份，但是我当场就回绝了。在这里继续干，不会给我增加工资，但我还是愿意，为什么？我说我就像个栽花的，洋思中学是一盆花，我还愿意侍弄这些花，每天早晨端出来晒晒太阳、浇浇水，晚上再端回去，每天这样跑来跑去，我觉得是享受。另外，泰兴的市长、教育局长也希望我继续干几年，政府对我这么信任，这是最大的幸福。物质的东西对我不重要，因为我生活非常简单，跟学生吃一样的饭，一个月的伙食费 200 多元就够了，又不去洗澡又不去跳舞，生活开支很少，生活简单化，活得轻松。

王　珺：可是让生活丰富多彩些不更好吗？

蔡林森：我每天在学校把精力都用光了，没时间去享受那些。我喜欢在战场上享受战斗的乐趣。我正在干一件谁也不敢干、谁也不能干的事，我是吃了豹子胆去干。你知道我这个学校是贷款盖的房子，用学生的捐资助学费还了款，克服了许多困难和矛盾，但因为我没有从中拿一分钱，所以没有哪个人不相信我。但这次我冒的风险更大，我打算在城里建一所分校，已经征了200多亩地。我知道只要犯一点错误就会有人找我的麻烦，我就会前功尽弃，但我认准的事就要干，因为这中间没有一点私利，完全是为了事业，所以我敢干。

王　珺：您都62岁了，付出这么多心血值得吗？

蔡林森：我这是自我加压，逼着自己攀登新的高峰，而且我相信自己能把这个学校建好。等我真退下来，就交给别的同志继续干，我比较超脱，因为我对教育的感情好像宗教信徒。

如果换个说法，蔡林森的“倔”可以表述为“顶住压力，敢为人先”，而他的成功，或者说洋思中学的成功在很大程度上便来自他的这种行事风格。一位博士生在对蔡林森进行的个案研究中这样写道：“在思想相对保守的乡村学校，自发的改革很难发生。在以成绩为评价标准的基础教育领域，蔡林森‘先学后教’的模式一开始就遭到了许多人的反对，能不能保住升学率是人们首先发难的问题，而蔡林森顶住了各种压力，力主改革；‘没有教不好的学生’更是一个时时在遭受质疑、也需要时时加以验证的问题，蔡林森20余年一直坚持下来，谈何容易！而目前，洋思中学的严格管理和封闭式教育也不时地遭到非议，认为这极大地限制了学生的自由。面对这些质疑和非难，蔡林森仍然坚持自己的做法，颇有点‘咬定青山不放松，任尔东南西北风’的强悍之气。”

蔡林森乡音浓重，浑身洋溢着乡间泥土的气息，这种气息似乎给声名远扬的洋思经验定下了调子：本土的，创生的。而正是这扎扎实实生长于中国大地上的教改经验，深刻地诠释着富有时代特质的现代教育理念。

蔡林森目光炯炯，一双眼睛似乎能把世事看穿，又似乎童心未泯，对一切都好奇，都想探究……

刊于《中国教育报》2004年11月30日，原文标题为“‘倔老头儿’蔡林森”

中编
心中有风景

岩村和朗：唤醒人们心中的“原风景”

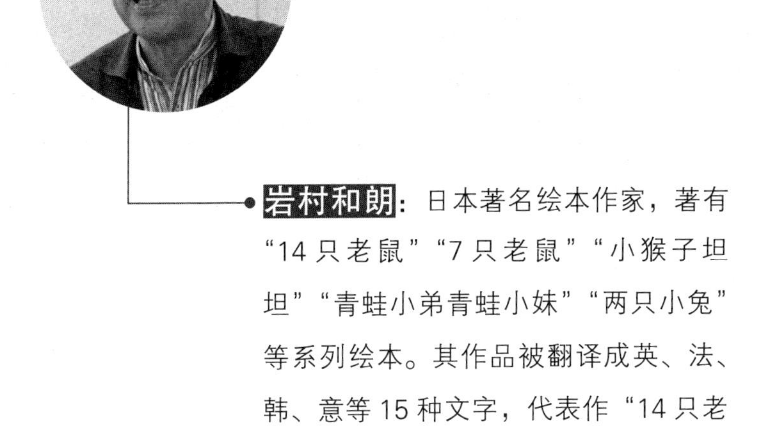

岩村和朗：日本著名绘本作家，著有“14只老鼠”“7只老鼠”“小猴子坦坦”“青蛙小弟青蛙小妹”“两只小兔”等系列绘本。其作品被翻译成英、法、韩、意等15种文字，代表作“14只老鼠”系列问世30年来，全球共发行超过1000万册，并多次荣获各种大奖。

“出来了！出来了！月亮出来了！”富于节奏的日文，温和中充满儿童的雀跃。这声音出自一位74岁的老者口中，他的身后，是幻灯片呈现的14只老鼠看月亮的画面。2013年9月14日，日本著名绘本作家岩村和朗在国家图书馆少儿馆为读者朗读自己的作品。这位亦图亦文的绘本作家不仅绘画技艺精湛，在语言的提炼上也颇有心得。他认为，绘本中的语言应该像音乐一样令人心情愉悦，所以在创作的时候，他总要大声地读出来，寻找悦耳动听的词和句子。在讲座现场，岩村和朗还朗读了他的另一部作品《一个红苹果》。这个以“骨碌碌”“咕咚咕咚”等象声词为主要语词的故事简单而温暖，经由他的诵读，前来听讲的人仿佛真的听到了日本著名心理学家河合隼雄所说的“绘本里的声音和歌声”。

今年（2013年）是岩村和朗的代表作“14只老鼠”系列问世30周年。应接力出版社之邀，9月12日至16日岩村和朗来访北京，在中央美术学院、国家图书馆、青少年阅读体验大世界与读者分享自己的创作及对自然、艺术、童年的认识与体验。在此期间，记者走近这位世界知名的绘本作家，领略了其人其书传递出的自然的丰厚、生命的喜悦、家庭的温情。

杂木林，生活与艺术的原风景

如果你能想象从秋到冬杂木林中植物和光线的变化，那么请试着想象，你躺在厚厚的被阳光照射的落叶上，会是怎样的感觉。1970年春天，岩村和朗带着家人从东京搬到了郊外的多摩丘陵。他经常一个人出去散步，“一进入杂木林，我就觉得一种不可思议的感觉在身体里升腾起来。那是一种无法言说的怀念和安宁，就好像被似乎已经遗忘的母亲的温暖所包裹”。读岩村和朗的绘本，尤其是“14只老鼠”系列，于细腻的图画中，于简约的文字里，的确常常能感受到一种温暖溢出，那就是被母亲拥抱的心情吧。

关于岩村和朗从大都市迁居乡村，有一种说法是，他从笼子里的动物联想到自身，意识到人和动物是一样的，都应该回到大自然的老家去。这解释使他的选择有了逃离的意味。其实，其中还有一个现实的原因：岩村太太偷偷申请了由政府廉价租售的住宅，竞争相当激烈，却没想到抽中了。“就像中了大奖一样，不搬家是很可惜的。”

对此，绘本作家熊亮认为，岩村和朗先生离开都市，定居山村，不仅仅想做“当代陶渊明”，他不避讳谈到其中的现实原因。而真正的创作恰恰是应该拥抱现实的，如果仅仅是逃避的话，那么创作出的作品给小孩子看的时候就会怪怪的。

那是刚刚建成的公团住宅，建造在杂木林中开辟出的空地上。杂木林于岩村和朗，是一种久违的重逢。童年时期，家里虽然很狭窄，周边却有着一片开阔的杂木林。他和兄弟姐妹基本上不在家里玩，每天都在杂木林里欢跑到天黑。伴随他度过小学时代的杉并杂木林和杉树叶燃烧的气味、野栗子的涩味、夜茉莉花丛中蜜蜂的嗡鸣一起，已成为难以忘怀的原风景，存留在他的记忆之中。

大学二年级的时候，岩村和朗应聘 NHK 电视台一档叫作《歌的绘本》的幼儿节目，兼职为节目画画，这是他从事的第一份为孩子们画画的工作。

大学毕业几年后，随着长女的出生，岩村和朗的兴趣从电视转向了绘本，离开了供职的化妆品公司。李欧·李奥尼、玛丽·荷·艾斯、H·A·雷伊、菲利克斯·霍夫曼等外国绘本作家的美丽图画和新的儿童观、绘本观令年轻的他心驰神往，将他引向了绘本作家的道路。桌子的抽屉里囤积了好几册样稿，被出版社看中的《咕嘟咕嘟绘本》成为他最初的试练。

带着想成为一名绘本作家的心愿，走在光线变幻的杂木林里，他心里的那个孩子苏醒了，冒险心和好奇心被煽动起来。“就是那样一种感觉。我那时在想，对于想成为童书作家的自己而言，这可能是一种非常可贵的东西。”他说。

1975年，他携全家搬到了栃木县益子町，那个以制陶而闻名的小镇有着令他迷恋的大片大片的杂木林，他带领妻儿在那里打井引水，建造画室。他仍然喜欢一个人走在林间小道上，“总觉得会发生什么奇妙的事情，怀着期待的心怦怦直跳”。

8年后，“14只老鼠”系列中的第一部《14只老鼠大搬家》出版了，“14只老鼠”从此诞生。这个温暖家庭的温暖故事以岩村和朗童年时期生活于东京杉并杂木林的家庭情景为原点，交叠了成人后在益子町杂木林的家庭生活。艺术与生活，原来存在着如此神秘却必然的联系。

以野鼠目光的高度观察自然

在《14只老鼠的蜻蜓池塘》中有一个画面，10只小老鼠坐在竹筏子上，抬头看落在水草顶部的蜻蜓，那些水草笔直挺拔地立于水面，就像成人看一排竹林，但换作小老鼠的视角，那些水草本来就该是那样高大挺拔的啊！《14只老鼠去春游》也一样，那毛茸茸的蒲公英仿佛要长到天空里去了，那么高！原来，岩村和朗绘本中所有的精彩都来源于这种独特的视角，以及用这种视角进行的细致观察。

“用心去观察大自然，就会遇到许多有趣和不可思议的事。对我而言，自己来发现奇妙，变成了一件非常重要的事情。”岩村和朗的画室在一片杂木林里，春天有山樱花，夏天有甲虫和山百合，秋天有山栗子和蘑菇，冬天有一群群野鸟。一年到头，画室周围都有看不完的风景。

他如数家珍般地述说那些美好的景物：“从东边的窗户可以看到山樱树，我们在树上安装了巢箱，从春天到夏天，松鼠在这里哺育后代；从南边的窗户可以看到杉树，鼯鼠把这里的巢箱当作了休憩的场所。我可以一边工作，一边观察它们的情况。入夜之后，从黑暗的树林中传来了猫头鹰的叫声，它们好像每年都在附近抚养小猫头鹰。”

为了画得更好，岩村和朗总是尽量进入登场的动物们生活的场景中去，在那里遇见它们。在创作《14只老鼠去春游》的那个春天，他每天都到杂木林里、到原野上去，将脸贴在地上，以野鼠目光的高度，从蒲公英的根部往上望，看到白色的绒毛漂浮在蓝天里。风吹来了，圆圆的绒球散开了，种子飞向了天空。“我感受到了蒲公英生存的意志，花下面长出长长的茎，是为了尽量让自己的子孙飞得更远。”那时，小花小草、蒲公英们便从岩村和朗的笔下生长了出来。

在创作《14只老鼠洗衣服》时，他想起小时候妈妈带着他和兄弟姐妹一起去河边洗衣服的场景，并融入自己对夏天的水流的观察：冷冽的水流不断汇入溪流，有的柔缓，有的湍急，有的深幽，有的清浅。流过岩石缝隙的水流，流淌在沙地上的水流，晴天的水流，阴天的水流，森林深处的水流，开阔山谷里的水流……随着自然条件的变化，水流呈现出不同的美丽姿态，孕育着生命，流淌而过。

总有读者好奇：为什么要画“14 只”老鼠？岩村和朗的解释是：“14 这个数字并没有什么特别的意义。10 是个好数的整数，如果有 10 个孩子，再加上爸爸妈妈和爷爷奶奶，10+2+2=14，那么就是 14 只了。”他小时候就生活在一个大家庭里，家里有 6 个孩子，结婚生子后，也是一个七口之家。创作“14 只老鼠”系列，他将自己大家庭的生活经验融入其中：“作为作者的我一会儿是其中的一个孩子，一会儿是父亲，在两个家庭之间来回穿行转换。14 只老鼠中，那张戴着细长腿眼镜的脸不知哪儿还真有点像我的父亲。”

如果只是把 14 只老鼠作为一个集体来描绘，它们和作者以及读者的心灵联系就会流于浅表。然而，要使用图画而不是语言在一本书的 15 个场景中加以表现，确实不是一件容易的事。岩村和朗的秘诀是，不用语言去记录，而是想着身边的孩子们的样子，这样，一只只老鼠主人公自然就鲜活起来了。

温暖绘本延续代际亲情

74 岁的岩村先生身材不高，头发花白，笑起来尤其显出孩童般的天真之态。大家都说，他的面孔跟他创作的“小猴子坦坦”非常神似。

他说：“我常常在大自然中看到不可思议的世界，这与对自然的敬畏之心是相通的。”怀着这份热爱和敬畏，他全身心地投入观察和创作。他相信，每一片叶子都有不同的表情，为了离自然的世界近些、更近些，要画冬天的场景时，他就一定要在冬天去取材。夏天画的时候，为了不让汗水流到画上，他就把脚放在装满冷水的水桶里来降温。就这样，一本并不厚的绘本一般要画两年以上。

“14 只老鼠”系列出版后，受到了读者的热烈追捧。岩村和朗想，孩子们既然那么喜欢这些描绘自然的书，一定也会喜欢杂木林。但事实并非如此。有一次，一对父母带着孩子从东京来益子拜访他，他邀请他们去杂木林里散步，没想到，那个念小学的男孩子在杂木林里走了不到 10 米，就尖叫着“不要啊”逃开了。大城市里无法亲近杂木林的孩子使他陷入了沉思：小读者们是不是应该像作者一样，同时拥有对绘画世界和自然环境的实际体验呢？

怀着这样的初衷，岩村和朗和家人一起投入了建造美术馆的计划。1998 年，“岩村和朗绘本之丘美术馆”在栃木县马头町开馆，定期举办以“绘本·自然·儿童”为主题的活动。他希望告诉孩子们，用自己的眼睛好好去观察自然，就会明白，生存是一件多么神奇而重要的事情。

日本演员绀野美沙子在陪 3 岁儿子读“14 只老鼠”系列的过程中，也唤起了自己孩提时代的回忆。“跟孩子一起读岩村先生的绘本，与儿子共同拥有了一段美好的时光。”

如果留意的话，读者便会注意到，一家人围坐在餐桌边吃饭是岩村和朗每一本绘本中都有的场景。儿童文学作家、“14 只老鼠”系列中文版译者彭懿说，孩子们通过岩村和朗的作品，汲取了自然的丰厚、生命的喜悦、家庭的温情。

自然的丰厚、生命的喜悦、家庭的温情，已成为现代社会中常被人们遗忘的宝贵财富。其实，每个人心中都有一幅原风景，在岩村和朗的绘本中，沉睡的风景被唤醒了，读它的人，心情也变得暖暖的。

“岩村和朗先生说，躺在杂树林的落叶上，他有一种被拥抱的感觉。我觉得凡是为儿童创作的人，都应该有这样的胸怀——不仅自己常常感受到被拥抱，也会常常有拥抱孩子的愿望。”儿童文学作家金波说。

刊于《中国教育报》2013 年 9 月 30 日

安东尼·布朗：用游戏参透人生

安东尼·布朗：英国绘本作家，被公认为“超现实派”绘本大师，作品多关注家庭生活、亲子关系、弱势群体等。2000 年荣获国际安徒生大奖，2009 年被评为英国“桂冠童书作者”。

当别人夸 69 岁的安东尼·布朗看上去很年轻时，他有点羞涩地说：“我小时候就比同龄的孩子看起来小，长大以后，看起来还是不够大，以至于到酒吧都买不到酒喝。其实我是一直渴望变老一点，脸上有一点皱纹……”

英国著名超现实主义绘本大师安东尼·布朗，上周（2015 年 5 月）现身北京缤纷剧场、北航新媒体设计学院等地，与读者分享自己的创作体验，并同2013年第一次来中国时一样，热情地邀请大家都来玩形状游戏。

每个艺术家都玩形状游戏

“这是毕加索的一件雕塑作品，”安东尼·布朗指着投影的图片说，“一只狒狒抱着一个小孩，如果你仔细看，就会发现毕加索也在玩形状游戏。”是的，狒狒的头其实是一辆黄色的玩具小汽车。“他当时应该有一个小孩，有一天他看到孩子的玩具汽车。使一个事物看起来像另外一个事物，很多伟大的艺术其实都基于一个非常简单的想法”。

安东尼·布朗肯定地说：“达·芬奇也在玩形状游戏。”他转述达·芬奇对学生讲的那段话，“你去看一堵很老很旧的墙，看它的裂缝，看它上面的污渍，如果看的时间足够久，你就会看到怪兽，看到各种景象，甚至整个世界都可以从这堵墙上看到”。

所谓形状游戏，即一个人先画一个抽象的形状，另一个人由这个形状联想到什么就继续画下去，有点像图画接龙。5岁时安东尼·布朗就和哥哥玩这个游戏，他还以为这是他们发明的，后来他发现，世界各地的孩子们都在用自己的方式玩这个游戏。“这个游戏对我的职业生涯非常重要。”蒙娜丽莎变形为大猩猩，路灯的灯罩变形为一顶礼帽……在安东尼·布朗的作品里，由形状游戏带来的灵感无处不在。

他说，形状游戏的本质是创造，当一个人画一幅画、创作一个故事，或者作一段曲的时候，实际上他就是在玩形状游戏。

2001年6月到2003年3月，安东尼·布朗在伦敦泰德艺廊担任驻馆作家和画家，负责利用画廊资源教导市区小学的一千名儿童。《形状游戏》一书就是根据孩子们对馆藏艺术品的反馈创作而成的。“他们玩形状游戏玩得好极了。”安东尼·布朗对孩子的创造力充满赞叹。

他玩形状游戏的兴头越来越大，最新出版的《一起玩形状游戏》是他和妻子汉纳·巴托兰联手创作的。书中人物大熊哥哥和象小妹用画笔你来我往地画了一只小狗，又画了一条鱼，然后用一小片包装纸画了“脸皮很厚”的猴子，用一根小树枝变成了一只蝴蝶……而在《小熊的童话大冒险》中，安东尼·布朗更是将形状游戏玩得出神入化：当天真的小熊在森林里遇见大灰狼，它不慌不忙地拿起画笔，在白色背景上画了个简单的线条，下一页，简单的线条变成了一头体型巨大的野猪，吓傻了大灰狼。

德国哲学家弗里德里希·席勒认为，人生最完美的境界是游戏。我们是否可以说，作为艺术家的安东尼·布朗，在用游戏参透人生。

细节中藏着的超现实

有人说，读安东尼·布朗的绘本就像经历一次寻宝之旅，因为他在每张图画中都暗藏玄机。

在《朱家故事》中，墙上的两幅名画随着故事的发展发生了变形：一幅是荷兰画家佛兰斯·哈尔斯的《笑容骑兵》，原作里神采飞扬的骑士被画成了猪头猪脑的形象；另一幅是英国画家托马斯·甘斯伯洛的《安德鲁斯先生与夫人》，其中安德鲁斯先生变成了猪头，女主人则消失了。

茶壶长出了耳朵、尾巴、脚，鞋子变成了飞鸟，沙发变成了猩猩……（《小凯的家不一样了》），在安东尼·布朗的绘本世界里，一切在现实中不可能发生的场景都超出人们的经验而发生。台湾童书评论人柯倩华说："书中逗趣的图像不只有装饰作用，同时还表达了故事的内涵。"

每次讲座，安东尼·布朗总会向大家展示他童年时的一幅画，"这幅画着双腿的画始终是我的典型之作"。与一般的双腿不同，这双腿上画着海盗，藏在鞋里，并在顺着桅杆般的腿往上爬。他说："那时我从未听说过超现实主义，但是近年来我懂得了，儿童是天生的超现实主义者。"

超现实主义又称照相现实主义，是20世纪60年代初期在美国发展起来的一种特殊的绘画风格，显示出不同于以往的、最能体现绘画本质的语言特征和艺术技巧。清华大学艺术学院教授温海成认为，安东尼·布朗将其运用在童书创作中，对于儿童心理的表达，达到了意想不到的贴切效果。

2000年，安东尼·布朗荣获国际安徒生大奖，评审团认为，他借着超现实的画法创作出独具风格的图画书，为图画书开辟了一个新领域。

《公园里的声音》是一本处处有玄机的图画书。如果完全按照文字来表现画面，他担心人们在公园里散步这个情节对孩子来说缺少吸引力。所以，他用了小时候那幅画的灵感，在画面中加入了一些隐含的笑话以及荒诞的元素。仔细读图，会发现除了前景里描述的故事，背景里也发生着各种各样奇特的事情。背景里的细节包括，一个人牵着一只番茄散步，罗宾汉在练习射箭，女人推着的婴儿车里坐着一只狗……为什么想到画这些？安东尼·布朗回答说："当时并没有多想，因为我从童年起就是这么做的。也许背景里的故事使我创作时不再感到无聊。我希望孩子们读这本书时也产生同样的体验。"

让儿童游戏，让成人思考

图画书阅读推广人阿甲发现了一个有意思的巧合：中国绘本作家蔡皋和安东尼·布朗同为1946年生人。当后者在医院进行医学绘画的时候，蔡皋因为成分不好被下放到一个文化馆画毛主席像。由于有很多优秀的画家被发配到那里，于是她跟那些画家学习绘画技巧。而安东尼·布朗则是通过画人体解剖图精进绘画技巧的，后来由于生活所迫，曾做过15年的贺卡设计。人生就是这样，好多事情你觉得是无用的，好多经历可能看上去毫无意义，但实际上却可能成就了你。阿甲认为这是一件非常神奇的事情，他觉得这也是人生的某种形状游戏，也许因为人生是难以言喻的，所以安东尼·布朗喜欢给自己的故事一个开放的结尾。在《大猩猩》的结尾，他让汉娜的爸爸穿上了牛仔裤和红色的上衣，他还在爸爸的裤子口袋里画了一个露出来的香蕉。许多孩子都会问他："夜里带汉娜去动物园的大猩猩是不是穿的她父亲的衣服？这是不是只是一个梦？"他的回答总是让孩子们有点失望，因为他说：我不知道，我不知道这个故事到底发生了什么。

“我喜欢含糊一点的结局，”安东尼·布朗说，“我最喜欢的电影是当电影结束，我还在想后面会发生什么，而不是‘从此他们过上了幸福的生活’。”

编剧史航认为，安东尼·布朗的绘本有点像“眼泪茶”，它装载着我们的回忆。无论是充满温情的《我爸爸》，还是阐述家庭文化、性别平等立场的《朱家故事》，抑或是反映社会问题的《公园里的声音》，都有着回味无穷的意蕴。

所以，有人说，他的故事让孩子游戏，让成人思考。

刊于《中国教育报》2015年5月30日，原文标题为“跟安东尼·布朗一起玩形状游戏”

罗恩·克拉克：缔造奇迹的“疯狂”教师

罗恩·克拉克：出生于美国北卡罗来纳州，大学毕业后周游美国55个州及世界其他地区，23岁开始在家乡一所乡村学校任教，5年后来到纽约市哈莱姆区，取得了巨大的教育成功，于2011年当选为美国年度教师。

2012年4月9日下午，在北京东三环附近的“小天使行动基金”办公室见到美国教师罗恩·克拉克时，他正在跟自己带来的几个学生闲聊。

年仅28岁就获得“美国年度教师”奖，美国前总统克林顿三次邀请其做客白宫，他的故事曾被好莱坞搬上银幕……在与这位明星教师面对面之前，尽管已从中信出版社最近推出的《罗恩老师的奇迹教育——点燃孩子的学习激情》一书中，感受到这是一位喜欢冒险并“有一套”的个性教师，但其形象终究是模糊的。抱着对“奇迹”“点燃”之类词语的些许怀疑，我走近了这位肢体语言丰富、说话喜欢用象声词、脚上穿着鲜艳彩条袜子的“洋教师”。从他近乎“疯狂”的故事中，感受到他对教育的热忱，对学生的挚爱；从他的学生们真诚、热情的眼神里，我看到了他缔造的教育传奇。

激　情

“当教师拥有标新立异的创造力和自由时，奇迹就会发生。”

看过好莱坞影片《热血教师》的人，大都不会忘记这样一个情节：课堂上，30罐牛奶放在桌子上。罗恩老师跟学生约定，如果学生能集中15秒钟听他讲课，他就喝下一罐。于是，有学生开始计时，时间到了就喝。学生们专心地看着他，喝到第14罐时，他看上去要吐了。他这样折磨自己，只因为在他当时的班里，33个学生个个调皮捣蛋，没有人听他讲课。从那天起学生开始认真听课了。他说：“为了学生我愿意这样去做。”

以罗恩·克拉克为原型的电影《热血教师》讲述的是他在纽约哈莱姆区学校的执教经历。该片获得2007年金球奖、艾美奖等多项国际大奖提名。“是的，那些都是我曾经遇到的事情。”他说。

大学毕业后，他放弃了就业机会，揣着上大学时打零工赚的600美元买了去英国伦敦的单程票，开始了他梦寐以求的游历。如果不是因为意外的食物中毒回到家乡北卡罗来纳州，他说自己也许会成为一名摄影师。

回到家乡后，他的母亲告诉他，当地学校五年级的一个班缺一位老师，劝他去跟校长谈谈。本来他只是为应付母亲才答应去看看，但当他看到混乱不堪的教室里纸屑被调皮的孩子扔得满天飞、代课教师手忙脚乱的情形时，一个男孩问："你是我们的新老师吗？"他听到自己的声音说："我想是的。"

富有冒险精神的罗恩凭着直觉教这些10岁的孩子。他把枯燥的历史知识编成歌词用RAP的曲调唱出来。"就像这样。"他边打着响指边手舞足蹈地对着我的采访机唱了起来。"其实只有15秒的时间，但就是这15秒，让整个一堂课充满了活力，学生发现这很酷，原来历史可以这样学。"可以想象，厌倦了教师喋喋不休枯燥讲述的孩子们何等兴奋。

"你最喜欢什么样的老师？"罗恩曾经在一千个学生中对此进行调查。在智慧、创造性、快乐这几个备选项中，大多数学生选择的都是快乐。他因此了解到一个快乐而充满激情的课堂对于学生是多么重要。

上课时，他有时候会站在课桌上，有时候会用奇怪的穿着打扮吸引学生的注意，总之，他会想尽一切办法让课程变得有意思。他以此来点燃学生们的学习热情，但是开始时，"一些老教师并不认可我的教育方法，所以我关上教室门不让任何人知道我在干什么"。学期末，他班级学生的学业成绩是全校最好的，他也成为 8 所小学中成绩最好的教师。

美国有句谚语：你可以把马牵到水边，但是你却无法让它喝水。罗恩坚信，每个学生都有学习的能力，他只是做了那个用关爱与激情点燃学生学习欲望的人。

规　则

“恰当的行为举止与礼仪修养，是学生学习成功的关键因素之一。”

“倒过蜜糖的人都知道，它流得很慢，在瓶口磨磨蹭蹭、犹豫不前，好像是在饼干上舒展身体，每一个动作都慵懒无比。小时候，我只要动作有一点儿慢，就一定会听到奶奶说起那句她总爱挂在嘴边的‘格言’：‘你像蜜糖一样慢悠悠的。’”罗恩在《罗恩老师的奇迹教育》一书中是这样开始讲述的。而这本书的英文名 *The End Of Molasses Classes* 直译就是“蜜糖班的终结”。他想表达的可能是美国学校传统课堂呈现的一种枯燥、低效、令学生昏昏欲睡的状态，而这也是他初做教师时就想改变的。

在家乡北卡罗来纳州当老师的 5 年，对于罗恩来说是重要的 5 年。他说：“那段教师生涯改变了我的生活。让我明白，按过去的模式教，是没有意义的。”他因此而定下了自己做教师的三条目标：一是要教出学业上优秀的学生，二是教会学生做人，三是创造充满激情的课堂。

“小时候有个亲戚去世了，我就哭啊哭，祈祷他能回来。我的叔叔告诉我，人死了不会回来，生命只有一次，所以好好地过你的一生吧。”这位叔叔的忠告成了罗恩的人生信条。

2000 年，他从电视节目中看到，纽约的哈莱姆区有一所学校，那里暴力横生，教室拥挤不堪，孩子们的考试分数也低到不能再低。此时，一个新的想法在他的心里萌芽，并驱使他在那年夏天搬到了纽约市，开始在东哈莱姆区任教。“我在那儿遇到了巨大的挑战，也取得了一些成功，这一切都在后来的那部电影中得以重现。”那一年，他被授予“美国年度教师”奖，并荣幸地上了《奥普拉脱口秀》节目。

“在电视上看到那所学校的状况，就想去改变。”罗恩认为，自己的这种选择和他最初选择做教师一样，是听从内心的召唤。

罗恩因帮助困难重重的学生树立自信、提高成绩而成为全美闻名的教师。除了永远激情四射、在教学中不断创新之外，他把自己的成绩归功于他给学生定下的“55 条班规”。

与人交流，眼睛要看着对方的眼睛；别人有好表现，要替他高兴；尊重别人的发言与想法；用小小的贴心为别人制造惊喜……“55 条班规”集礼仪修养、纪律守则和做人原则于一体，也代表了罗恩对学生寄予的 55 个期望。

他说：“恰当的行为举止与礼仪修养，是学生学习成功的关键因素之一。”所以他不厌其详地制定这些规则，有了这些规则，学生不再只关心自己的目标，而使班级有了家的氛围。他认为，只有当孩子们变成了一家人，大家相互尊重，相互支持，真正的学习才会在教室里发生。

“你对学生提出的要求越明确，收到的效果就越好。”罗恩坚持认为，确切地知道在特定的情景下该如何做，这是学生所需要的。这也许就是《55 条班规》(中译本书名为《优秀是教出来的》)成为畅销书的原因。

我采访的当天晚上，有一个罗恩·克拉克与中国教师面对面的沙龙。活动开始之前，十一学校的一位女老师拿着印成海报的“55 条班规”请罗恩签名。看来，来自大洋彼岸的班规在中国学校也有着相当大的影响力。

梦 想

“人的生命只有一次，人生的意义就是为不留遗憾的生活而努力。”

《55 条班规》出版后，排名上升到亚马逊网畅销书排行榜第二位，仅次于《哈利·波特》。罗恩马上意识到，这本书的稿费可以帮助他建一所不同寻常的学校，而这正是他心怀多年的梦想。这将是一所充满创新意识的学校，拥有一群富于热情的教师，他们渴望以一种不同以往的方式教育孩子。

正如他所憧憬的，在他与志同道合者的努力下，奠基于亚特兰大一座废弃厂房的克拉克学校展现在社区居民面前，并迎来了学校的第一批学生。

这些学生各个学科的考试成绩都低于全国的平均水平，他们缺乏学习信心和动力，他们中的大多数从来没去过佐治亚州之外的地方旅行。“几年后，在他们的八年级毕业典礼之夜，孩子们得到了总额近 100 万美元的奖学金，超过 90% 的孩子在不同的学科获得了两位数的奖励。那一晚学生们回顾了他们在克拉克学校取得的成绩，以及他们游历各地的经历。”说起这些，罗恩难掩自豪之情。

让学生了解不同文化、不同种族，让他们成为世界公民——这是罗恩带学生去各地旅游的初衷。“人的生命只有一次，人生的意义就是为不留遗憾的生活而努力。”罗恩认为自己作为教师的意义就在于给学生带来改变，给他们带来激动人心的时刻。他拿起手机翻照片，然后指着一个画面告诉我，昨天是马修（与罗恩一起来访中国的 12 岁学生）的生日，大家给他庆祝，并开心地抹了他一脸奶油，罗恩说“这让马修有了个与众不同的时刻”。

“我们无法为某个时刻标价。一生中，我们有很多一笔带过的过去，但有一些特别的事情却让我们永世难忘。”在带五年级学生去纽约旅行时，他和学校的老师们就想给孩子们创造一个这样的“特别时刻”——让孩子们的照片出现在时代广场的电子广告牌上。经过一番联系之后，松下公司终于接受了他们的请求。那晚，他将学生们集合到时代广场，约定的晚间 11 点 30 分快到的时候，他对学生们说：“孩子们，正如你们所知，在这一年里，我们都在说我们认为你们的未来会像这些灯光一样明亮，而你们的潜力也如这些高楼大厦一般巨大。我们认为你们所有人都精彩绝伦，对你们每一个人我们都无比在意。”此时，孩子们的大幅照片依次在大屏幕上出现，孩子们兴奋地尖叫起来。

“保持乐观的态度，学会为每件事作好准备，去追求生命中的美好。”罗恩不仅用语言更用行动在告诉学生这个道理。

“我喜欢唱RAP，这是我的方式，但并不是说每个老师都要学我的方式。”他在书中也强调，作为教师，爱学生、关注学生才是最重要的。问他有几个孩子，没有孩子的罗恩回答：“我有上千个孩子。”他给学生父母般的关怀，朋友般的理解，更有教师的严格。

他认为，对教师和父母来说，如果想和孩子更亲近些，就应该能和孩子谈论他们感兴趣的事物。他刚当老师时，学生喜欢看“鸡皮疙瘩丛书”，“对我来说，读这套书是我最不想做的事”，但他还是硬着头皮把书看完了，并兴致勃勃地和学生交流。

罗恩希望克拉克学校为全美乃至世界教育提供一个范本，如今这所学校已经成为全世界教师的进修“圣地”。迄今为止，已有来自33个国家和美国45个州的14000余名访问者造访学校。除了教学方面的收获，最令参观者惊异的是位于克拉克学校中央的一座两层楼高、电光蓝色巨型管状滑道。来访者从上面滑下来后，会得到一枚写有“滑道认证”的勋章。

罗恩说：“这个非同寻常的滑道宣告着我们的使命——与众不同，无所畏惧。”

刊于《中国教育报》2012年4月16日

下编
背景是星空

周有光：我只是一个语文工作者

周有光：1906 年 1 月 13 日出生于江苏常州青果巷，原名周耀平。早年研读经济学，后专职从事语言文字研究，主持制订了《汉语拼音正词法基本规则》。85 岁以后开始研究文化学问题，近年出版《百岁新稿》《朝闻道集》《拾贝集》等。

周有光今年（2010 年）105 岁了，这位长寿的语言学家刚刚出版了杂文集《朝闻道集》。数字在年轮上的叠加并未使这位文化老人不堪重负，反而因宽仁的心态而愈显睿智，筋骨亦保持着令人惊讶的健康。

一个春日普通的上午，他穿着烟灰色开身毛线衣坐在小书房的书桌前，用他的电脑打字机写文章。“我没有事情做嘛，没有客人来就看书，看了有趣味的东西我就写点文章。《群言》杂志是20多年前胡愈之先生创办的，创办时找了20个人写文章，现在19个人都死了，只剩我一个了。”他笑着说，“上帝糊涂，把我忘掉了。”一直到今天，他还每月给《群言》写一篇文章。2010年2月号上，他写的是《漫谈台湾的语文改革》。

周有光生于清光绪年间，一生中经历了晚清、北洋、民国和新中国四个时期，有人戏称他是“四朝元老”。

他还有个“周百科”的雅称，但他摆摆手说：“那是沈从文开玩笑讲的。一个人应当知识面广一点，不过我还不行。”

在教育部和原国家语委举办的“庆贺周有光先生百龄华诞座谈会”上，这位百岁老人在致谢辞中同样表现出老一代知识分子的谦逊儒雅。他说：“我对语言学始终没有走进大门，实在惭愧！语言学有三个核心部门，语音学、词汇学和语法学，我都没有走进大门。我搞一点语文现代化工作，只是摸着语言学的一点边边而已。所以我再三对人说，不要称我为语言学家，我至多是一个语文工作者。”

他喜欢孙女小时候对他的调侃：“爷爷，你亏了，你搞经济半途而废，你搞语文半路出家，两个半圆，合起来是一个‘〇’！”他幽默地自嘲：“一点不错，我就是这么一回事。”

仿佛觉得不该笑得这么开心似的，他一笑就用手挡在嘴前，那样子愈发有种顽童般的稚气。

“半路出家”

常州青果巷是个神奇的地方，从那里走出了三位语言学家：瞿秋白、赵元任、周有光。

对周有光来说，1955 年是人生的转折点。那年 10 月，时任复旦大学经济学教授的周有光受邀来京参加全国文字改革会议。会议结束后，文改会的领导对他说：“你不要回去了，留在文改会工作吧。”“我不行，我业余搞文字研究，是外行。”周说。“这是一项新的工作，大家都是外行。”面对这样的盛情，本就对语言学有兴趣的周有光怀着一份朴素的热情，“哪里需要就到哪里去”，一头扎进语言学研究领域。

“‘中国语文现代化运动’有一百年历史，是中国从一个古老的封建国家变成一个现代国家必须走的道路，所以当时这个会议非常重要。”回忆当时的时代背景，老人侃侃而谈。

作为汉语拼音方案的主要创制人之一，周有光提出口语化、音素化、拉丁化的基本原则，得到了语言学家们的认同。

1958 年 2 月，全国人民代表大会通过了汉语拼音方案决议，同年，汉语拼音成为全国小学的必修课。周有光在北京大学等高校讲授汉字改革课程，其讲义《汉字改革概论》系统、全面地总结了 300 余年汉语拼音字母的演进史和中国人自创拼音字母的历程。

1979 年，周有光代表中国出席国际标准化组织在华沙举行的会议，提出采用汉语拼音方案作为拼写汉语的国际标准的议案。1982 年 ISO/TC46 用通信投票的方式通过了中国的议案，从此，《汉语拼音方案》成为罗马字母拼写汉语的国际标准。

1955年之前，周有光的身份是上海复旦大学、上海财经学院经济学教授。再往前追溯，1923年，他考入上海圣约翰大学主修经济。语言学对于他，是"右手累了，改用左手"的那只左手，"当我看书看得疲倦了的时候，改看语言学的书有重振精神的作用，好像右手累了，改用左手，可以使右手休息似的"。

周有光读中学的时候，"有一位老师思想很新，常对我们宣传白话文。五四运动之前，中国的民众已经慢慢开始接受一些现代化的思想。"回忆起自己的中学时代，老人觉得许多事今天讲来很有趣味，"我上学的时候有两个特点，第一呢，当时提倡国语，可是没有人讲国语，老师教书都是用方言；第二，当时已经提倡白话文，老师也提倡，可上课学的都是古文，写文章一定要写古文，儿女给父母写信一定要写文言，写白话文在那时是大不敬"。在大学读书时，周有光积极参加了拉丁化新文字运动。

1946年，周有光被新华银行派往美国工作，在那里，他发现人们对字母学很重视，于是买了许多字母学的书自学，"想不到隔了许多年后还有用处"。

读大学时，周有光就发表过关于文法的文章，他自称"那是很幼稚的"，而其后在关于拉丁化新文字运动的文章中，提出了一些改进意见，还介绍了世界各国的文字。"在当时看来，这些是新东西。因为这个缘故，他们叫我到文改会来工作。"老人从书架上取下一本薄薄的小册子，"新中国成立后，文字改革的争论集中在是用民族形式的字母还是用罗马字母。我就根据我所了解的写了本小书，叫作《字母的故事》，想不到影响很大。中国从来没有人介绍字母学，我从历史角度阐述这个问题，人家觉得很新奇”。

和我们这些因使用电脑而常提笔忘字的“年轻人”一样，年迈的周先生也笑着“抱怨”：“20 多年不写字，我的书法退化，不会写字了。”但他喜滋滋地说：“打字机方便得不得了，打拼音就可以出来汉字。”早在上世纪 80 年代，日本一家公司根据周有光提出的“从拼音到汉字自动变换不用编码”的设想研制出电脑文字处理机，给周试用。自此，老先生于 80 高龄率先“换笔”，打字、处理材料、编辑书稿均借助这台机器完成。老伴张允和参与编辑家族内刊《水》，周先生不仅教会了 80 多岁的老伴使用电脑打字机，还亲自排版，并风趣地说自己甘做“义工”。

周有光曾语重心长地说：“我们失去了一个大众化的打字机时代。现在，来到了计算机时代。如果输入汉字必须经过记忆编码的特别训练，不能像外国字母那样方便，那么，中国计算机也只能由专业者使用，不能成为大众化的语词处理机。我们在失去一个大众化的打字机时代以后，不能再失去一个大众化的语词处理机时代。”北京大学教授苏培成如此评价周老先生这种科学的预见性：“在今天，绝大多数人使用中文电脑时用的都是拼音转换法。感谢周先生给我们指明了中文输入的光明大道，使我们加快了进入中文信息处理时代的步伐。”

“可以说是拼音推广了手机，手机推广了拼音。以前很多人反对拼音，现在没有人反对了。随着国际往来大大增加，拼音变成文化往来的桥梁了，发挥了大的作用。”说到汉语拼音在社会生活中发挥的作用，周有光笑得合不拢嘴。

有人说，周有光的“半路出家”使中国多了一个语言学家，少了一个经济学家。而在美国国会图书馆，如今既藏有经济学家周有光的著作，也藏有语言学家周有光的著作。两个半圆相接，形成的是一个完美的圆！

一生有情

在老人背后的墙上，挂着那幅他与夫人花丛伴读的照片。照片上，尽管两位老人都花白了头发，却自有一种儒雅和美的气韵。周有光习惯称夫人张允和为“我的老伴”。

叶圣陶曾说：“九如巷张家的四个才女，谁娶了她们都会幸福一辈子。”周有光就是幸福者之一吧。

在2008年出版的《周有光百岁口述》中，有相当篇幅写他与张允和“流水式”恋爱的始末。1925年暑假，周有光因九妹的关系而与张允和结识，当时，容貌秀丽的张允和就读于上海吴淞中国公学，担任女学生会主席。周常找借口去看她，但张总是躲，因此而得“温柔的防浪石堤”的绰号。终于有一天，周有光的“浪头”冲破了张允和的“石堤”，他们一起去江边散步。为了缓和紧张气氛，周有光拿出一本英文小书，上面有莎士比亚那句名言：“我要在你的一吻中洗清我的罪恶。”

经过长达8年的爱情长跑，周有光与张允和于1933年结为伉俪。作为连襟，沈从文特地在张、周二人的结婚照背面写下“张家二姐作新娘，从文”几个字。

张允和这位气质典雅的大家闺秀，上世纪50年代被人教社聘去编历史教科书，“三反五反”打“老虎”时被当作“大老虎”打回家做家庭妇女，于是潜心读书，研究昆曲，辅助俞平伯创立了北京昆曲社。

1998年，国际教育基金会评选中国百对恩爱夫妻，周有光、张允和成为入选者中年龄最大的一对。“人家问我们：你们的生活为什么能和谐呢？”周有光拿出白手帕，擦擦嘴角，笑眯眯地说：“古代讲举案齐眉，我们两个上午喝茶、下午喝咖啡，都要碰碰杯子，我们叫举杯齐眉。这个小动作好像是玩意儿，其实有道理，什么道理呢？就是说夫妇不仅要有爱，还要有敬。要敬重对方，双方才会和谐愉快。现在为什么那么多人离婚啊，一些人结了婚就不尊重对方了，那么你不尊重我，我也不尊重你，就吵架离婚。家庭不愉快其实是很痛苦的。你下班回来，家庭愉快，就会得到很大安慰。”

周、张二老跨越世纪的爱恋被晚辈戏称“红茶电脑两老无猜”。

“我这里故事很多，谁来开这个门，这门里面就有故事，要是没人开这个门，我自己就忘了。”讲过去的事情，老人喜欢以“我有一个笑话”开头。他讲了个曹禺的故事。当时曹禺的衣服破了，冬天，耗子在夜里跑到他棉袍的隔层里去了。他白天一穿：“怎么回事啊？怎么发抖啊？”他还以为自己在生病呢，其实是耗子在里面动。

老人津津乐道于“门里边的故事”，其实他自己也有故事。有一次，一位编辑去拜访，张允和讲了个故事，周有光坐在一旁的小板凳上听。听完故事，见客人兴致高，周有光把小板凳往客人身边挪了挪，说：我也给你讲个故事吧。等他一开口，张允和和客人同时哈哈大笑，原来，之前张允和讲的就是这个故事。这是因为耳朵不好，周有光自己闹的笑话。

周有光的孙女周和庆出生时，周家是四代同堂，周和庆的儿子出生时，周家是“四代同球”。从小在爷爷奶奶身边长大的周和庆记得自己在人生低谷中，爷爷给了她毫不打折的鼓励和支持，也记得小时候犯错时，爷爷不同寻常的惩罚方式：“我做错事，爷爷曾经把我放到很高的书架顶上去反省。爸爸告诉我，他小时候也吃过爷爷这一招。”她永远记着爷爷常常对她说的：“人生就是一场马拉松长跑，不要太在乎一时之长短。”

周有光家的客人总是特别多，各种年龄层次、各种文化背景的都有。给周家干女儿许宜春留下深刻印象的是，上世纪50 年代，到干爹家吃饭的竟有“右派”朋友。而从周的书中我们看到，在大“右派”章乃器最落魄潦倒时，周照样去登门探望。

华东师大中文系教授高家莺至今珍藏着周有光 1981 年写给他的一封信，那是针对他和范可育就完善《汉语拼音方案》提出建议的复函。“周先生当时已不赞成我们的建议，但信的开头却说：你们的意见是对的，我们当年也是提出这些建议的。这一下子消除了我们的顾虑，保护了我们的积极性。然后，周先生不厌其烦地说明不宜采取我们建议的八点理由，使我们不仅在这个有关汉语拼音的具体问题上心悦诚服，还深深为周先生调查思考之周到，对后辈教育、开导、爱护之良苦用心所感动。”

独立思考

小辈们都喜欢与周有光交谈，别看他年纪一大把，但世界上正在发生的事他都知道：从中印关系的改善到中东局势为什么总是剑拔弩张；从巴以历史纷争到“9·11”本·拉登为什么要撞毁世贸大厦；从后资本主义时代有什么特征到新加坡为何发展迅猛……可谓秀才不出门，尽知天下事。

周有光认为自己这个本事得益于在大学时学到的读报法。“我读的圣约翰大学是教会学校，我常去学校的阅览室。有一次我在看报，一个年轻的英国老师把我和另两个同学叫出去，说跟我们聊聊天。他问：你们看报怎么看的？我们说：看报就是看报，还能怎么看？他说：不对，看报有方法。你每天看报要问自己三个问题：今天哪条新闻最重要？为什么最重要？这条新闻的背景是什么？假如你不知道，去查百科全书。我按照他的办法来看报，知识很快发展。所以学问不一定是上课得来的，老师几句话会对学生影响很大，我到现在每天看报还会这样去问自己。”

作为第一批进洋学堂的学生，周有光接受了新文化、新思潮的洗礼。1923 年，他考入中国最早的新式大学圣约翰大学。1925 年，上海发生“五卅惨案”，圣约翰大学的华籍师生集体离校，自办光华大学。同学们挥泪走出校门时的心情是“吾爱吾师，吾尤爱祖国”。

“作为一个知识分子，在任何时代都要独立思考，这也是我的老师教我的。人家问我，你对今天的教育有什么建议，我说就是要提倡独立思考，这一条非常重要。”

对周有光而言，思考是一种习惯。在宁夏平罗“五七”干校时，他负责看守白菜窖，通过观察，总结出了令人忍俊不禁却是历史真实的“白菜理论”。

北师大中文系教授王宁的评价精准地概括了周有光老人独立思考的一生：“他坚持着冷静的观察，客观地品评着是非。中国的语言文字问题是中国文化的晴雨表……在这种变幻莫测的风云中，有人坚持己见脱离时代陷于保守，也有人失去理智贸然超前流于偏激，更有一些无耻之徒逐潮附势成为墙头的草。但是，只要顺着时间顺序看周有光先生的书和文，你会觉得，他在与时俱进地调整着自己的思想，从来没有随着潮流、跟着权势东歪西倒……他在风云变幻中赢得了追求真理的真诚。”

解放初期，陈毅任上海市长时，在一次座谈会上，周有光以经济学家的敏锐眼光，对当时社会上一些不按经济规律办事的做法提出了意见和建议。

现在，面对网络语言、新词热词的涌现，许多人担心把语文搞乱了，周有光一如既往地沉着：“新的东西还没有成熟，你就批评它、压制它，这不好。你让它发展，发展到一定时候，它自己会调整的。假如它有生命力，那么就进入词汇里去了，没有生命力，自然就会被淘汰。”

周有光 80 岁以后，发表了一系列探讨文化问题的文章，谈到中国文化与现代文化的关系时，他一针见血地指出：“中国长期封闭，厚古薄今观念根深蒂固，以为文化就是固有文化，东方与西方势不两立，不是西风压倒东风，就是东风压倒西风。时代变了，这种认识需要改变。现在再谈中国文化将统治 21 世纪是可笑的。统治21世纪的不是东方文化，也不是西方文化，而是世界共同的现代文化。”

有人称喜喝咖啡、爱看好莱坞大片的周有光是“新潮老头”，但老人并不喜欢“新潮”二字。他说：“我认为整个世界、整个人类、整个社会都是不断进步的，在这进步中，新的东西就被人接受了。”记者问：“您是怎么保持年轻心态的？”他笑着说：“保持年轻是不可能的，老了怎么能年轻呢？人是要保持一个清醒的心态，脑子要清楚，不要糊涂。年轻人也有糊涂的呀，所以心态跟年龄没有关系。”

知者乐，仁者寿

“97岁去体检，医生以为我写错了年龄，给我改成了79岁。”难怪医生自作主张，周有光老人除了耳背眼花，其敏捷的思维和健康的体态与实际年龄形成的反差的确令人惊叹。

2003年圣诞节，孙女回北京发现爷爷面色焦黄，便陪同爷爷到医院看病，住进病房不到5分钟，医生就将一张“病危通知书”递到她手上。“我怔在那里，然而爷爷却依照他的老习惯去检查防火通道了。”及至被护士们架回来，老爷子还是平素那样一脸微笑地说：“不要紧，不要紧，慢慢来。”经过一系列的检查，结果并无大碍，但住在医院里的周有光因其与97岁高龄不相符的健康体态而成了医院一景，打水的、扫地的、送饭的，甚至左邻右舍的病员都来看他“好嫩的面相”。周有光高兴地说：“我是大熊猫，让他们来看吧！”

五代单传的周有光，年轻时患过肺结核、忧郁症，结婚时算命先生说他只能活到35岁。

自从过了80岁生日，周有光便从头开始计算年龄了。92岁时他收到小朋友寄来的贺卡，上边写着：祝12岁的老爷爷新春快乐！

1947年，周有光在美国与爱因斯坦有过两次会面："他非常随便，穿的衣服都没有我讲究。"他对爱因斯坦的一段话记忆深刻："一个人的一生到60岁为止，工作是13年，除了吃饭睡觉之外，业余时间有17年。能不能成功，就看你怎么利用你的业余时间。"

"猝然临之而不惊，无故加之而不怒。"遇到难题，周有光就搬出古人的话来应对。他说："遇到困难，你要找一个缝缝，从这个缝缝里面可以走出去。'文革'时，下放'五七'干校，只许带一本书，可我带了不同文字的《毛主席语录》一共20本，开始做比较文字研究。"周有光八九十岁高龄仍著述颇丰，许多人感到奇怪，他解释说："其实我一早就开始研究了，材料早弄好了，就差整理了。"

1969年被下放宁夏，和他同时下放的许多人以为再也回不来了，非常忧愁。"我觉得很有趣味，假如不是'文革'，宁夏这个地方我可能不会来。而且体力劳动竟把我的失眠治好了，所以看似不好的事也有好的一面。"周有光如是说。当时，65岁的周有光和71岁的教育家林汉达被派去看守高粱地，两位老先生仰望星空，热烈讨论中国语文大众化问题……他们高声交谈，好像对着几万株高粱在演讲。当此情此景被定格在历史的大背景下，一代知识分子的高远追求以另一种表情存留于人们的记忆中，正像周有光老人喜欢说的，"很有趣味"。

周有光的学生、教育部语言文字应用研究所研究员冯志伟回忆说，1981 年去探望周先生，一进门，地板就咯吱咯吱响起来。我们说，没想到像周先生这样世界知名的大语言学家住房条件这样差。他笑着说："如果地板不响，我怎么知道你们来了呢？"

上世纪 50 年代周有光调到北京工作后就住在位于沙滩的文改会宿舍了，那是民国时期给北京大学德国教授住的小洋房。"当时人家听说我住在德国教授的洋房里，以为一定是很好的，想不到这个房子破烂得不得了。""房间阴暗，更显得窗子明亮。书桌不平，更怪我伏案太勤。门槛破烂，偏多不速之客。地板跳舞，欢迎老友来临。卧室就是厨房，饮食方便。书橱兼做菜橱，菜有书香……使尽吃奶力气，挤上电车，借此锻炼筋骨。为打公用电话，出门半里，顺便散步观光……"周先生这首戏仿的《新陋室铭》乐观豁达地描述了生活环境的窘迫，其健康智慧的生活态度跃然纸上。

如此看待世事，是否因一生顺遂？事实上，一个世纪不可能没有惊险和挫折，可贵的是他战胜了恐惧和屈服。读中学时家道中落，靠向姐姐的朋友借当支付学费得以读完大学；抗战期间，6 岁的女儿小禾夭折；两年后，儿子晓平中流弹险些丧命；他自己也于逃难途中经历过炸弹在身边爆炸的惊险……

2002 年，老伴猝然离世。"她忽然离我而去，使我如临霹雳，不知所措。有一天，我偶尔想起，青年时代读书，有一位哲学家说，个体的死亡是群体进化的必要条件。我豁然开朗，这就是自然规律。"这是他的绝招，"想不通的时候，你拐个弯就通了啊"。

周老有“三不”：不立遗嘱，不过生日，不过年节。还有“三自”：自食其力，自得其乐，自鸣得意。

“老不老，我不管，我是活一天多一天的。”他讲着讲着便笑出声来，如孩童般乐不可支。

王珺、杜永道，刊于《中国教育报》2010年4月23日

附录·采访随机

听百岁老人周有光讲古的上午

十点整，我和语文出版社的杜永道老师敲响了周有光老人的家门。保姆哐当把门打开，对着里边喊：“爷爷，有人找你！”

进到窗子朝北的小书房，看见老人坐在桌前的椅子上，桌上摆着他的电脑打字机。他客气地跟我们打招呼，并向我伸出手轻握了一下。105岁，数字在年轮上的叠加，使我对这位老人充满好奇。他内穿一件竹布色衬衣，外罩烟灰色开身毛线衣，又套了件蓝色毛坎肩，层层叠叠却整洁儒雅。老人笑起来透出孩童般的稚气，脸上红润的光泽似乎把皱纹撑开了。他礼貌地说：你们等一等，我把这个打字机收好。他边说边把打字机放在一块旧花布上，提起布的两角相对系上，另外的两角再相对打个结，用双臂将这小花包袱一抱，侧转身猫腰，松了左手，右手顺势将包袱倚靠在书架侧面。这一连串动作娴熟而一丝不苟，但最后的“放”

多少有点力不从心。

他拉开抽屉取出助听器戴上，客气地请我坐在桌子的另一侧与他相对，然后拿出两张用过一面的A4纸："我的耳朵不行，戴上助听器就能听见了。一会儿你问问题，我如果有听不清的，你就写在纸上。"他翻到有字的一面又翻回来，"用过的，还可以用"。

我问："最近有很多人来采访您吧？""一向有很多人来。"他笑嘻嘻地纠正我。"那您是喜欢热闹还是喜欢清静？"看他疑惑的样子，我便在纸上写"热闹""清静"。没等我把纸转过去，他就用江浙口音的普通话回答："我喜欢热闹。客人来了，陪我消磨时间。"他打着手势，"我85岁离开办公室，我的时间不值钱。我也喜欢清净，不害怕孤独，安静的时候我就写东西。"

他曾对采访他的记者说他有许多故事，你推开一扇门，会听到不同的故事。我设计了十多个问题，就是想听听这位"四朝元老"经历的"古里古怪"的故事。对涉及汉语拼音方案的问题，他驾轻就熟，一口气说下去。这是他人生的主旋律，也是他作为语言文字研究者的重要贡献。

我对他对语言文字的兴趣感兴趣，一个研究经济的人，竟然因业余爱好显示出的造诣被语言学界慧眼识珠，继而转行，那爱好的功夫必定相当了得。他拿出一本旧旧的小册子，那是他写的《字母的故事》，出版于1954年。"这本书我都没有了，这是一个热心读者在旧书店淘到送我的。"他戴上花镜，翻开书页。他的记忆想必已经穿越时空，回到了上个世纪40年代。当时他被派往美国的银行工作，在国外，成天讲英语，他对字母产生了兴趣，便开始深入研究。

而他对语言文字的兴趣，更早可追溯到他被新文化运动洗礼的青年时代。“那时候倡导讲白话，考试却还是考文言文。给父母写信，如果用白话，那就是大不敬。”但对于从小在洋学堂念书的他来说，乐于接受新事物，因而更倾向于白话。

“我有一个笑话。”谈到一个新话题，老先生总是以此开头。“有人笑我们，说你们推广普通话的也不会讲普通话。呵呵，我的普通话讲得不好。”他咧嘴笑起来，并用白手帕擦着嘴角。我问他“周百科”的由来，他谦逊地笑着说，沈从文讲的，讲着玩的。

他主动提起已经去世的老伴儿，讲他们的“举杯齐眉”，讲他的爱情态度：不仅要爱，更要有敬。他和张允和先生在花丛前看书的那幅照片就挂在他身后的墙上，张先生是真正的美人，即使满头白发，满面皱纹，依旧端庄，仪态万方。

“房间阴暗，更显得窗子明亮。书桌不平，更怪我伏案太勤。门槛破烂，偏多不速之客。地板跳舞，欢迎老友来临。卧室就是厨房，饮食方便。书橱兼做菜橱，菜有书香……”周先生这首戏仿的《新陋室铭》以乐观态度抒发生活环境的窘迫，是他“从好的方面看问题”之人生态度的文本体现。

有媒体赞周先生是“新潮老头”，但当我在纸上写下“新潮”发问，他却表示不喜欢这个词。所谓年轻心态，他认为，心态没有年老和年轻之分，只有清醒和糊涂。“年轻人也有糊涂的呀。”他说。

的确，105 岁的周有光老人头脑相当清醒，反应很快，我写在纸上的问题甚至还没来得及转到他那边，他就已经开始回答提问了。但他承认自己老了，明白什么事做得了，什么事有风险不能做。晚辈请他去上海看世博，他说，年纪大了，去不了那么远的地方。“那您不觉得遗憾吗？”我问。“不遗憾。我可以通过别的方法看，可以看光盘。”

因为天气冷，他想看的《阿凡达》一直没看成。“我让我儿子他们给我找光碟来看。”

他订了国内的五六种报纸，每星期还有香港那边的报纸寄过来。他看报很认真，拿着放大镜，重要的地方还用红笔勾画。他经常上网，用 E-mail 跟国外的孙辈通信。问他对 80 后、90 后的看法，他又咧开嘴笑着：“我有好多朋友，八九十岁的、四五十岁的，最小的只有两岁。”也许觉得牙不太好，他一笑就用手挡在嘴前，那样子愈发有种顽童般的淘气。

十一点半，保姆炒菜的香味儿飘进书房，我按下采访机表示采访结束，问他累不累，老人颇有精神地说“不累不累”。向他索要老照片，不想他的话匣子又打开了：“我跟你说，我没有什么照片了，‘文革’抄家，什么都没有了。”他又要讲故事了，我就再次按下了录音键。

听老人讲完他家经历的三次“扫地出门”，我们告辞出来，在门厅的八仙桌旁等保姆找一本画册。那是一本私人纪念簿，书名是《我们的舅舅》，里边有为数不多的周先生早年的照片。保姆说不能借走，可以用相机拍下来，她说得很有把握，“别的记者都是这样拍的”。我开始挑选、拍照。保姆拿出一个本子，说“请留言”。

走出这栋 1980 年代的灰楼，与杜老师分别。我从朝内后拐棒胡同往北，走出去，便是朝阳门大街。才想起，六七年前，我曾来这儿采访过编词典的李行健先生。

黄培云：我从未后悔回来

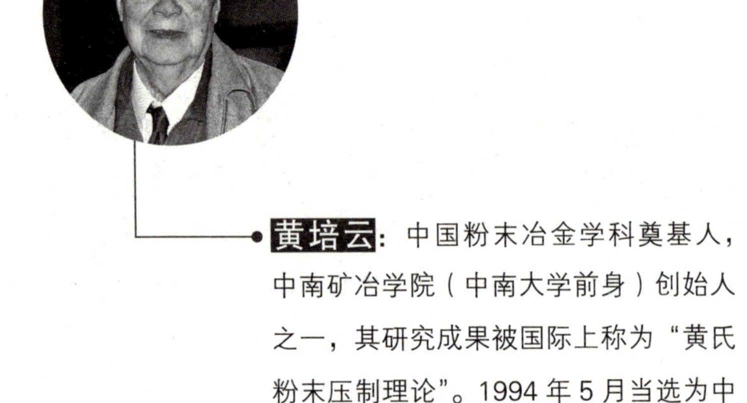

黄培云：中国粉末冶金学科奠基人，中南矿冶学院（中南大学前身）创始人之一，其研究成果被国际上称为“黄氏粉末压制理论”。1994 年 5 月当选为中国工程院首批院士，1998 年起为中国工程院资深院士。

88 岁的赵新那老人膝上摊开着几本厚厚的硬皮画册，那是她为老伴黄培云精心制作的生日卡片——其实说人生纪念簿也许更准确——这些用心挑选出来的照片以时间为经、以事件为纬，按顺序贴在大 16 开的册子内页。每一张照片都记录着一段时光，这些被凝固的画面连缀起来，便构成了主人公的个人史。

《黄培云院士口述传记》作者郑艳以此为访谈的切入点，追索中国工程院资深院士、中国粉末冶金学科奠基人黄培云丰富而厚重的人生历程，希冀发现一个人、一个学科、一个时代之间的关联与逻辑。

赵新那老人嗓门高而且亮，指着一张照片能讲上老半天。94岁的黄培云先生坐在对面的沙发上，他的耳朵不好使了，但从他飘向远方的目光中，能明显感觉到，他陷入了对往事的回忆。

"我一生参与完成两件大事，一件是艰苦建校，一件是粉末冶金学科建设。"经历过四处迁徙的少年时代、参加过由闻一多等教授率领的西南联大步行团、通过清华庚款留学选拔考试赴美攻读博士学位……对于走过很远的路、看过很多风景的黄培云来说，应国家之需回国受聘担任武汉大学矿冶系主任，参与中南矿冶学院的创建，致力于开拓我国粉末冶金学科建设并为国家培养急需人才，是他人生的重要篇章。

"很多人说我回来傻，我也听惯了，不在乎。嘴长在别人身上，让别人去说吧。我自己认为不傻。"在国困民穷的年代选择回国，许多人不解，对于别人的议论，黄培云的回答带着他特有的执拗。赵新那记得，学校为黄培云庆祝70岁生日时，"培云说，我从来没有后悔回来过"。

朝花夕拾，亲切而温暖。郑艳从黄先生娓娓道来的人生故事中，感受着由丰厚学养、丰富阅历带来的雅达散淡。走进黄培云院士九十余载的悠长岁月，我们得以探寻一段令人难忘的风云际会，得以从一个个被还原的历史细节中，发现一个人、一个学科、一个时代之间的关联与逻辑。

风雨求学

“西山苍苍，东海茫茫，吾校庄严，巍然中央……”2008年4月27日是清华大学97华诞纪念日，这一天，一群白发苍苍的老人重聚校园，深情地唱起清华老校歌。他们是已毕业70年的十级校友，最年轻的也有91岁了。再见同窗，黄培云的思绪回到了上世纪30年代的清华园，在那里，他学到了太多太多。

黄培云1934年考入清华大学化学系，是清华大学由留美预备学校改为大学后的第十班，所以称为十级。

“教学方针是通才教育，各院系都比较重视基础又各有侧重。我记得很清楚，入清华第一节上的是数学课，老师是郑桐荪。”物理吴有训、化学张子高、国文俞平伯、英文吴可读……对于这些教基础课的名教授，黄培云如数家珍，“老师们都以能够在清华教基础课为很大的荣誉”。后来黄培云才知道郑桐荪在数学界非常有名，而且是陈省身的老师兼岳父。“郑老师是个文理兼通的学者，业余时间研究清史，还写了很多诗。因此，他也要求学生基础要宽。”黄培云至今记得他的话：“窄的基础很难变成高高的尖尖的东西，不稳定就容易倒下来。把基础弄得很宽，很扎实，你的学问才能够做下去。”

第一堂数学课给了黄培云很大的影响。

黄培云学生时代的记忆印证着清华“清新、活泼、民主、向上”的校风。

恶作剧、运动、出汗，每个时代的青春都是这样充满活力和趣味吧。黄培云躲过了新生入学时必须通过的一项叫作“拖尸”

（Toss）的清华传统仪式，但对“斗牛”印象颇深。“斗牛”是清华学生自创的打篮球方式，就是打球时愿意参加哪边就参加哪边，打着打着觉得这边不好，可以转而加入对方反击原来的一方，对人数没有限制。这种自由的游戏成为清华的黄昏一景，当一天的课程结束，学生们跑到体育馆尽情地挥洒汗水，场面好不热闹。

清华重视体育是出了名的，黄培云读书时体育部主任是马约翰先生，他对学生的要求很严格。那时，清华有一套“体力测验及格标准”，如爬绳、100 米跑步、跳远、游泳等，一项不及格便不能毕业。“我们那时候被要求‘横渡’泳池，25 米，不爱运动的我几乎是连扒带抓游过去的。”说起当年的“糗事”，黄培云自己也忍俊不禁。

亲历了“一二·九”和其后的“一二·一六”运动，黄培云深深感到，“两耳不闻窗外事，一心只读圣贤书”只是个梦想，“七七事变”的枪炮声打破了校园的宁静。1937 年 9 月，教育部正式下令，北大、清华、南开联合组成国立长沙临时大学。10 月，黄培云跟随 1600 多名来自三校的师生到达长沙。

在国共合作刚刚开始、全民抗战热情高涨的背景下，张治中、陈独秀、徐特立等社会名流来校进行的讲演受到学生的热烈欢迎。那一阶段的课堂既有朱自清、闻一多、陈寅恪等名教授各具特色的授课，也有不时传来的日军轰炸机警报声。

武汉失守后，长沙的局势愈发紧张。1938 年 2 月，教育部决定将学校从长沙搬到昆明。当时国内交通极不发达，只好分三路赴昆明。身体条件较好的学生由教授任领队组成“湘滇黔旅行团”，沿湘黔公路步行进入云南。黄培云跟着同在清华读书的二哥黄培熙参加了步行团，被选为小分队队长。

“早上军号一吹，我们就卷被子，匆匆吃完饭便往前走。我们穿着黄色的制服，罩着黑色的棉大衣。因为经常下雨，每天都得带一把雨伞。还得带一个饭盒装午饭，背一个军用水壶以防口渴。”黄培云和许多同学都有写日记的习惯，每天睡前把当天的见闻记下来。这样的记录使这段经历深深地烙印在他的记忆里，但这本珍贵的日记在“文革”期间被抄走了。

1938 年 2 月 19 日由长沙出发，沿公路经常德、沅陵、芷江、晃县进贵州省，经玉屏、镇远、贵阳、安顺、镇宁、普安进云南省，经沾益、曲靖，4 月 28 日到昆明，共行 69 日，全程 1670 公里。在漫长而艰苦的旅途中，黄培云和同伴们以张骞通西域、玄奘游天竺、郑和下西洋自比，克服了重重困难，使身体和精神都受到了磨砺。

长沙临时大学迁昆明后正式定名为“国立西南联合大学”。“万里长征，辞却了，五朝宫阙；暂驻足，衡山湘水，又成离别。”每当哼唱起西南联大校歌中的这一句，于风雨之途求学的感怀便涌上黄培云心头。在他心里，西南联大最值得怀念的是其自由宽容的学风，让老师和学生凝聚在一起的是师生共同的爱国情怀。忆及那段难忘的步行经历，他说：“它不但锻炼了我的身心，更重要的是深入穷乡僻壤，使我了解到不少民间实际情况和大众生活的疾苦。”

当时，同学间关于应该念书还是该去打仗的争论同样引起了黄培云的思考：作为一个有血性的男儿，我们是否也应该跟同龄人一样去当兵，保家卫国？教授们开导学生说，战争总会过去，我们这个民族在战后还要建设，要复兴。只有国家强大，我们才不会挨打。所以我们不能中断读书，不能中断人才的培养。这种观点使学生信服，为救国而读书成为西南联大人的信念，在这种信念的支撑下，西南联大涌现出一大批杰出人才。

1938 年夏天大学毕业后，黄培云留在清华大学金属研究所担任助教。1941 年通过第五届清华庚款留美考试，赴麻省理工学院学习非铁冶金。

艰苦建校

1951 年 11 月在北京召开的全国工学院院长会议揭开了 1952 年院系调整的序幕，会议决定对湖南大学、武汉大学、广西大学、南昌大学、中山大学、北京工业学院 6 所高校有关地质、采矿、冶金的学科进行调整合并，成立独立的中南矿冶学院。该学院定位为以培养有色金属工业需要的人才为主，并要求 1952 年招生。时任武汉大学矿冶系主任的黄培云参与了筹建工作。

经过一番激烈的争论后，校址最终选定在湖南长沙。“建校时最困难的是没有人，我们就在长沙即将毕业的学生中找几个能干的。”黄培云印象深刻的是武大学冶金的佘思明。他负责木工，完全是从头开始学，边学边干。他们是从学行话开始的。哪些木头耐用，哪些木头会长虫，他们很快就掌握了这些知识。先对学校的桌椅板凳、实验台需要多少木头进行估算，然后再去买，他们总能买到最好的木头。“那木头真是好啊，我家里现在还有几把那样的黑漆木头椅子，结实极了。”黄培云感叹地说。赵新那在一旁补充道：“比什么摩登家具都好。”

佘思明他们又买了马达和锯片，自己装了锯木头的机器，很快，木工厂建起来了。说是木工厂，实际上除了那台锯以外，什么都没有。但学生们就是用它制作了一大批小板凳。

然而，建校不是把桌子板凳做好就行了。几所学校的师生加起来有好几百人，加上当时交通不便，从四面八方到长沙来这个过程就不简单。

最开始的时候连学生宿舍、职工宿舍都没有。从清华大学秘书长职位抽调来筹建学校的陈新民提出“以革命的精神，革命的方法，艰苦奋斗，团结建校”。

黄培云记得，在修整校舍的过程中，实在买不到瓦，他们就自己做瓦。建房子需要大量的砖，他们就自己建窑、自己压胚、自己烧砖。

还有水的问题，学校所在的左家垅一带缺水严重，居民人口多，自然条件差，逼得学校只能自己解决用水问题。学校师生自己设计、自己装管子……靠自己的力量办了一个小型自来水厂。

交通运输也是一个问题。建校时，左家垅一带只有一条勉强可以通过单车的羊肠小道，其中还有一两处连单车都很难通过。学校师生就用锄头一点一点把路铲平、开通，使大批建校物资运往新校区成为可能。

要在1952年11月如期开学，教材问题迫在眉睫。6所学校所用教材的内容、范围差别很大，急需在开学前把各个学科的内涵、范围等规定好。

黄培云回忆道："我们把 6 个学校的教材摆在一块儿，强中选优，最后确定以武大、湖大、北京工业学院的教材为主。当时没有复印机和扫描仪，就用蜡纸和油印机。"但这套综合几所大学教材临时编写的教材没用多久，就依据教育部的规定，统一用苏联教材了。

在极其困难的情况下，师生团结一致，以必胜的信念迎来了中南矿冶学院的如期开学。1952 年 11 月，在隆重的开学典礼上，陈新民被任命为中南矿冶学院首任院长，黄培云和顾凌申任副院长。

严肃对待教学工作、严密组织教学过程、严格要求学生，黄培云倡导的"三严"作风在建校以后起到了很大作用。"我们一方面不断改善教学的物质条件，一方面大力培养师资。学院成立时基建只有两万多平方米，实验室、教室、宿舍等都非常缺乏。"大概用了 3 年时间，教学楼、实验楼相继建立，实验室设备不断补充，教学质量也有了提高。

从 1954 年开始，学院在苏联专家的指导下，改组了院务会议，调整教研组，修订教学计划及教学大纲，对教学法展开研究。

包括黄培云在内的学院领导特别强调科学研究的重要性，认为科研是促进教师成长的重要因素，是提高教师学术水平、保证教学质量的重要途径。由于积极利用行政管理优势促进教师开展科学研究，中南矿冶学院的教师和学生参加国家科技攻关时捷报频传，取得了一系列研究成果。

1956 年中南矿冶学院培养出第一批毕业生，较强的专业能力和综合素质使这些毕业生受到用人单位的欢迎。

孜孜治学

谈及粉末冶金学科，黄培云感到无比亲切：“这个学科，我参与了奠基、培养人，更直接见证了它的发展。”

粉末冶金是一门制取金属、非金属和化合物粉末及其材料的高新科学技术，它能满足航空、航天、核能、兵器、电子、电气等高新技术领域各种特殊环境中使用的特殊材料的要求。一些发达国家早在20世纪初就开始了该领域的研究，而在1950年代的中国还是一个空白。

冶金部把培养生产硬质合金所需人才的任务下达给了刚刚成立两年的中南矿冶学院，要求设立粉末冶金专业。

任务下达，谁都不知道粉末冶金是什么。中南矿冶学院当时的党委书记、院长唐楠屏问谁知道粉末冶金是怎么一回事，黄培云说他在麻省理工学院学过一门30学时的粉末冶金选修课，有点概念，但当时并不太重视这门课程。

唐院长说：“好极了，你就负责粉末冶金人才培养这个任务。”从那以后，黄培云在学术和专业方面由一般有色金属冶金研究，转向集中研究粉末冶金与粉末材料，“我开始一心一意进行粉末冶金教学与科研工作，我的后半生都用于这一事业了”。

“回想起来，我们那时候什么都没有，真是从零开始。学生、讲课教师、教材、实验室都还没有。我们首先在冶金系里成立了粉末冶金教研室，我兼任教研室主任，成员有冶金系主任何福煦、助教曹明德。”黄培云说。

在第一班中有个学生叫吕海波，他毕业后由一名助教成长为教授、博士生导师，与黄培云一起工作，一起出席学术会议。“我们合作的时间超过半个世纪了。”

60年代初黄培云培养了第一批粉末冶金专业的研究生。“文革”期间，研究生培养工作中断。1978年，黄培云又开始招收研究生。上世纪80年代，他培养了这个专业的第一批博士生。在培养专业人才的过程中，他先后给学生上过硬质合金、粉末冶金原理等课程。

几十年来，这个专业为我国粉末冶金行业培养了大批人才，其中有一些成为了我国粉末冶金领域的骨干力量，发挥着学术带头人的作用。

培养人才之外，黄培云领导的粉末冶金专业还接受完成国防部门下达的任务。即使在“文革”中，新材料研究室的研究工作也没停过。

从新材料研究室到后来的粉末冶金研究所，多年来，研究所同仁共完成国家重点科研项目数百项，为我国原子弹、导弹、卫星、雷达等的发展作出了重大贡献。

“文革”之后，黄培云和学生们合作扩大了研究领域。与吕海波合作开展了粉末压制和粉末动压成形的应变行为研究，与曾德麟合作开展了水静压制研究，还与杨守植等人合作开展了粉末振动热压研究。

黄培云创立的粉末压型理论和烧结理论，进入了当代国际材料科学和高技术发展的前沿领域，获得了国际粉末冶金界的关注和高度评价。

黄培云评价自己“不是一个活跃的人，比较内向”，这种个性使他在学生眼里常常是不苟言笑的形象。但谈完了正题，他又变得谈笑风生，和蔼可亲。曾德麟教授是黄老上世纪60年代的研究生。他记得那时的每周三下午，研究生们都会例行来到黄培云的办公室。指导、答疑之后，话题也就说开了，国内、国际科技信息、动态、前景、意义，时而分析，时而归纳，学生们可以插话、可以质疑、可以反驳。“遇到不易说清的问题，黄先生就侧身在房门后挂着的小黑板上写写画画，总想让人信服。偶尔，有人还是不服，他就满脸微笑，和缓地说，大家回去再仔细思考研究，下次再谈。”

黄培云牢记着自己当学生时老师的教诲，他当教授后总是鼓励学生多关心所学专业之外的东西，要把基础打得又牢又宽。面对越来越多的博士只关心本专业的现象，他总忍不住呼吁，千万别把博士给培养成“窄士”。

黄培云无疑是幸运的，在战时的中国，他在拥有中国最著名师资的学府读书，在精神与学术上受到多重熏陶。知识渊博、兴趣广泛的名教授讲普通基本课程的风气使黄培云受益并深深影响了他后来的教学科研之路。

黄培云的学生、2011年教师节被评为全国教书育人楷模的中南大学教授金展鹏上个世纪70年代曾与黄培云共事。黄培云十分支持金展鹏开展的相图计算工作，但金出国两年之后回来，因遇到一些困难，当时情绪不高，“黄院长每次见到我都提相图计算的事，要我抓紧。有一次，他对我说：你要抓紧时间。他引用了一首唐诗：诗家清景在新春，绿柳才黄半未匀。若待上林花似锦，出门俱是看花人。他的意思是说学科发展也是这样，真正的春天并不是大家都看到的春天，当柳树还是嫩芽的时候，真正勇于探索、有眼光的人会发现春天已经来临了，而等到繁花似锦的时候，到处都是看花人，要赶都赶不上了，对科研而言，就是把创新的时机放过去了。"

当时的科研条件差，黄培云就拿郑板桥那首《竹石》诗勉励年轻人，进行科学研究要有艰苦奋斗的精神，要学黄山的松树，要学石头缝中生长的竹子……

"黄院长指导研究生相当具体，有些程序都是他自己写的。要求学生看的参考文献，他自己也看过。"金展鹏说。

事实上，即使在年事已高的今天，黄培云身上仍保持着这种求真务实、向善向美的品性。《黄培云院士口述传记》的作者郑艳每次去黄老家里访谈，"都见到他坚持学习，见到他拒绝空泛议论，见到他谈起古典音乐时轻弹节奏的手指……正是这些，形成了一种精神的穿透力，穿透各种困扰，保护他成为一个完整的人，从事真正的科学、真正的学术"。

缱绻亲情

"我们这批留美的研究生出国以前，清华当时的理学院院长吴有训先生跟我们反复讲，这批考生是各个学校里成绩最优秀的学生，所选的学科是经过反复研究的，都是国家很需要的专业，希望你们能够赶快回来发挥作用。因此我从没有想过不回来，我们那一批学生后来都回来了。1973 年赵新那的父母回国探亲，在北京，吴有训先生对老朋友赵元任夫妇说：‘你们的二女儿、二女婿回国来，是对的。’”

黄培云从不怀疑自己作出的归国决定的正确性，在他的意识里，这几乎无需讨论。回国前夕，他的导师 Hayward 教授问他：“你考虑过留在美国继续工作吗？”他回答：“回不去没办法，回得去我下决心回去。”

1946 年 12 月 2 日，黄培云、赵新那夫妇登上了从洛杉矶开往上海的轮船。

深受蔡元培先生影响的武大校长周鲠生认定办好一所大学首先要有优秀的师资，所以他求贤若渴，广揽人才，不管是英美派，还是德日派，对于有真才实学的人，他都聘用。他在美国讲学期间就十分注意在留学生中选拔人才，黄培云就是在美国接到武汉大学聘书的。

黄培云夫妇 1947 年 3 月到了武大，当时学校很困难，经费极少，但珞珈山的风景使他们感受到了家园的美好。

黄培云说：“学校为了减少一点职工的困难，有一部分工资用实物替代。什么实物呢？现在听起来都令人惊异：盐、几块钱的镍币……为了不贬值，大家拿了工资就拼命买东西。有一次，因为新那怀了身孕，身子不方便，我进城去买东西，好东西别人都买走了，我只好买了个木柜子回来。新那说，行，咱们这个月就吃木头吧。”

“工资的数目越来越大，先是几百块，后来又是几千块，几万块，上百万块钱，最多的时候是几亿几亿的工资。后来连金元券也贬值了。买东西经常得骑着自行车，后面是一大捆钞票，加在一起是几个亿，去买点东西。”讲起那时候日子的拮据，黄培云像在说别人的故事那般轻松。他陶醉在自己的工作中，逐步建起了矿冶系的实验室。这在当时是很少见的，常有别的学校的人来参观，慢慢地，武汉大学矿冶系在国内有了点名气。

“培云今年 87 岁了，用英文说：‘pushing 90！’咱们在一起也将近 60 年了。”2004 年，赵新那在给黄培云的生日赠言中写下了这段话。

谈起他们的相识、相知、相爱，快言快语的赵新那说：“我还记得他对我说的第一句话是‘你别把碗砸啦’。”

赵新那是中国语言学家赵元任的二女儿。赵元任侨居美国后，他的家几乎成了留美学生的“接待站”。周培源等许多早期赴美留学的学者，都曾是赵府的座上客。

在赵家开清华同学会，通常很热闹。几十个人在那儿吃饭，饭后这个表演唱歌那个表演跳舞，常常是吃完饭后盘子和碗一大堆等人清理，黄培云就自告奋勇到厨房去洗碗。“新那到厨房来帮忙，我说用不着了，已经差不多了。我们就这样认识的。”

那时候时兴男同学请女同学到餐厅吃饭、跳舞，“但我们的情绪不一样，我们国家正在受侵略，对于他们时兴的这些我们不感兴趣。培云不会跳舞，我也不会”。同样的心情，同样的志趣，使赵新那与黄培云走到了一起。而赵元任也早就把黄培云看成家里人了，“培云博士论文交上去的稿子就是我父亲打印的”。

1945 年 7 月 21 日，赵元任在日记中写道：发出新那的结婚通知约 300 份。跟新那、培云、陈福田夫人同去市政厅，City

Clark Buck 主持婚礼……

黄培云说："这是赵家第一次嫁女儿，岳父亲手办理婚事，用中文书写结婚通知书，送到雕版印刷公司制版印刷。通知书上注明'为省物资以促胜利千祈勿赠礼物为幸'。"

想当年，赵元任与杨步伟女士结婚时婉拒一切礼物，只在家中请好友和证婚人吃了顿饭，被报纸以《新人物之新式婚姻》为题进行了报道。他们简单而浪漫的婚礼在知识界一时传为美谈，引得不少好友效仿。"后来新那和我结婚，我们的两个儿子结婚，也都没有请客。"黄培云说。

黄培云和赵新那在结婚 50 周年的时候去美国探亲，还专门去了他们当年登记结婚的地方。黄培云感慨地说："这么多年，我们的感情概括起来就是，志同道合、相依为命、相扶到老。"而赵新那回忆起黄培云 70 岁生日的情景，只记住了他说的"我从来没有后悔回来过"这句话，"我当时一听，就觉得我们真是志同道合"。

王珺、李伦娥，刊于《中国教育报》2011 年 9 月 23 日，原文标题为"院士黄培云：我从未后悔回来"（感谢郑艳女士为本文提供资料）

柯岩：给“巨人”写书，我报名

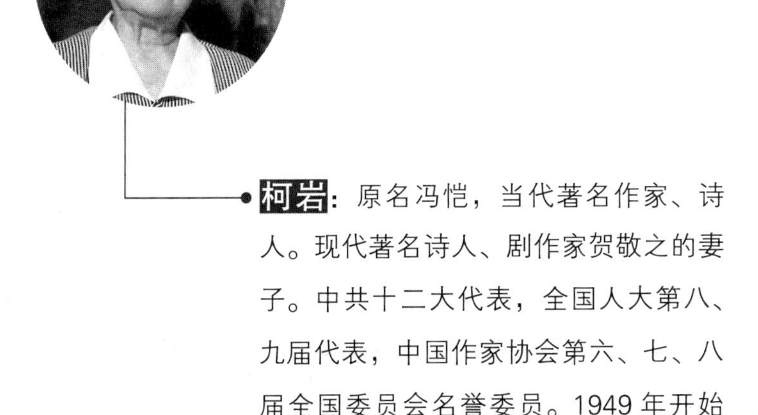

柯岩：原名冯恺，当代著名作家、诗人。现代著名诗人、剧作家贺敬之的妻子。中共十二大代表，全国人大第八、九届代表，中国作家协会第六、七、八届全国委员会名誉委员。1949 年开始专业创作，已出书 50 多部。

到月坛北街时，离和作家柯岩约定的采访时间还有一会儿，于是坐在附近小花园的长椅上，听着茂密树林里婉转的鸟鸣，看着神情澹定的遛早的老者，我惊异于喧嚣的北京还有这么一处静谧的所在，惊异于生活竟然如此富有诗意。

“人的心态多有趣啊！”略有些发胖的柯岩穿了一身橙红色

调的真丝连衣裙，她说，“年轻时拼命装大人，到老了，不到实足月份我决不给自己加上那一岁。”她微仰起头、嘴角一抿，学着自己19岁时装大人的姿态。在这位还差个把月就满73岁的老人身上，我仿佛看见了当年的“小迷糊”阿姨。

我想，这真是个可爱的老太太，从她那里我会听到些什么样的故事呢？

——摘自2002年6月21日采访日记

一个“蹲”下来的作家

“小板凳，摆一排，小朋友们坐上来，这是火车跑得快，我当司机把车开。”一茬一茬的孩子念着这首儿童诗长大了，写儿歌的柯岩阿姨变成了柯岩奶奶。可是，很奇怪的，今天的孩子们给了她一个可爱的称呼：柯岩奶奶姨。为什么呢？他们说：“因为我们的爸爸妈妈都读过您的作品，唱过您的歌，所以我们应该管您叫奶奶，可是我们在报刊上又老看见印着‘柯岩阿姨’，所以就把我们弄糊涂了。当然，说心里话，我们最想叫您阿姨啦！因为念着您的诗，唱着您的歌，我们觉得您非常年轻，不但不像奶奶，甚至不像阿姨，倒像是我们的同学和小伙伴似的。”于是，这些孩子就把自己的烦恼啦、困扰啦全无保留地告诉了这位“同学和小伙伴”。

孩子们的问题可真多呀，孩子们的信像一只只白色的鸽子飞上了柯岩奶奶姨的书桌，她就是不吃饭不睡觉恐怕也难以一一回复。于是，她在吉林的《小学生阅读报》开设了“和‘巨人’对话”的专栏。柯岩奶奶姨从孩子们的信中提炼出52个有代表性的问题，每一封信都回得认真，每一封信都像讲故事一样娓娓而谈，52封信，52次心灵与心灵的碰撞。现在，这52期专栏结集成书，书名就叫《和“巨人”对话》。

孩子的眼睛总是能看见大人看不见的风景，所以在他们小小的脑袋里就装满了各式各样的问题：“天下有不啰嗦的妈妈吗？”“不参加同学的生日派对就是小气鬼吗？”“‘乱班’里也能出好学生吗？”“我在学校不快乐，怎么办？”“为什么同学都不喜欢我？”……甚至，有的孩子问：“怎样才能飞？”

面对这些听起来那么小、想起来又那么大的问题，并不是每个大人都有本事解答的。常常，为生活忙碌着的大人们甚至没有耐心听完孩子的发问，就把问题像踢皮球一样踢走了：“去，去！我忙着呢，找你妈问去。”“就知道问，好好做你的作业吧！”孩子被大人训得灰溜溜的，只好深深地把问题藏在心里。

现在，让我们听听柯岩奶奶姨是怎么“对付”这些问题的吧。

天下有不啰嗦的妈妈吗？我想很少。除了绝顶完美又经验丰富的教育家之外，就只有不能说话的妈妈或根本不爱自己孩子的人。当然，现代教育专家们也提出，希望妈妈们在和孩子谈话之前要做准备，甚至要“备课”，但这不属于我们今天讨论的范围。还是让我们更多体会妈妈对我们的爱，充满幸福感地把一切做得更好，以减少妈妈的忧虑和啰嗦吧！

——《天下有不啰嗦的妈妈吗》

你问：“您不会认为我太爱钻牛角尖而不回答我吧？”可见你已经感到“爱刨根问底”和“爱钻牛角尖”是有不同之处的。那么，两者的不同之处何在呢？我以为“爱刨根问底”是想通过科学的认识方法去发现事物的本来面目；而“爱钻牛角尖”则是看到一些表面现象，不做调查研究就主观地做出结论，并往往因坚持认定而苦恼。不知你以为对否？

——《为什么老师喜欢撒谎的孩子》

有个叫罗大江的孩子说：我功课挺好，可是现在我在班上越来越没有威信了，因为同学们谈论起什么“康熙微服私访”“小燕子”热闹极了，可我那当大学历史教授的老爸从不让我看这类“戏说”电视剧，说是不尊重历史，弄得我在同学们面前跟傻子似的。柯岩奶奶姨给他支招儿：“那好办啊，你就像对我谈你的苦恼一样和爸爸谈一遍，然后对他说：咱们一起看吧，这样你好随时教给我‘戏说’什么地方不真实，是怎样歪曲了历史。这样我不但可以作为学习委员好好帮助我的同学，没准儿您还可以把我也培养成一个历史学家呢。”

这本书让我们看到了一位热爱孩子的作家面对孩子时的姿态：她“蹲”下来，微笑着侧过脸去，认真倾听，然后她沉思着寻找最浅显的语言，编织最有趣的故事，再清晰地把道理告诉孩子。她的这种姿态使她听到了比别人多得多的孩子们的心里话。

读生活这部大书

如果问作为“孩子的作家”的柯岩是从哪里出发的，我们不能不提起 1955 年的某一个清晨。那天，柯岩惊奇地发现，爱人贺敬之熬了一夜，摊在桌上的稿纸上却只有短短几行，而且有大量的涂抹。当贺敬之感叹“没想到给儿童写东西这么难”时，她说：我来试试。随着对儿童生活的记忆像海潮一样在心里汹涌，柯岩在一天之内就完成了 9 首儿童诗并得到老编辑的首肯。这就是发表于 1955 年 12 月号《人民文学》上的《儿童诗三首》。清丽、活泼、富于儿童情趣的《小弟和小猫》《坐火车》《我的小竹竿》等作品展露了柯岩写儿童诗的才能，很快她被从青年艺术剧院创作组调到了儿童艺术剧院。

“当时我还不愿意呢！”此时，坐在沙发里的柯岩微微地眯起双眼，仿佛隔了几十年的岁月又看见了青年时代的自己。“20 多岁真是个奇特的年龄，最怕别人说自己小，最愿意装大，好混在严肃的成人中。我虽然十分喜爱孩子并常常为他们的生活所吸引，但一到人前，就尽量远离他们以示区别。所以把我调到‘儿艺’我还大哭了一场。但那时我们是那样真诚地服从组织，哭过了便义无反顾地投身工作。每年用至少 8 个月的时间下生活。”她有点自嘲又有点骄傲地说，“现在的年轻人可能要笑我们傻，但我们从生活中得到的实在太多了。”

调到“儿艺”后，她的身影出现在各种类型的幼儿园：全托的、日托的、机关的、孤儿院，各种类型的学校：全日制学校、半日制学校、子弟学校、工读学校、少年犯管教所……她不仅是小读者们的阿姨，她还是老师、大队辅导员、团支部书记；她代课、过队日、做游戏……不但孩子们以为她是新来的老师，连老师们都以为她是新来的同事；对儿童心理学、教育学的系统研究，使她越来越接近通往孩子心灵的秘密通道。“孩子们燃起五颜六色的焰火了，映照着，柯岩阿姨的诗充满了浓厚的生活气息、生动的细节情趣和强烈的戏剧性。在家里帮大人劳动、看戏、吵架，一把小刀、一支铅笔，所见之物，无不可以入诗，构成独特的喜剧效果。”诗人李瑛的女儿、青年诗人李小雨如此评价柯岩的儿童诗。

有个孩子问：世界上还有什么比焰火的颜色更多？柯岩借另一个孩子的口回答：生活。

柯岩就是这样一个坚信生活的作家。她称自己属于“生活是创作的源泉”这一派。

“是什么时候呢？事情似乎是多么遥远了啊。”给儿童写作的柯岩努力回忆着自己最初接触儿童文学的情形——

我的童年是十分寂寞的。父母终日为衣食奔波，无暇照顾我；哥哥姐姐们要为分数拼命，因为考不了优秀拿不到奖学金就无法上公费学校，他们也没工夫搭理我。我只好跟邻居的几个男孩子玩，他们总是欺负我，但我为了好玩儿还是愿意找他们，后来有一次我又挨打了，妈妈下决心不准我出门，她要我答应不出门就给我讲故事。就这样，我接触到了民间口头文学“路遥知马力”“缺手姑娘”“孟姜女哭长城”……我百听不厌，弄得妈妈越讲越烦，爸爸可怜妈妈，就给她找了“少年文库”的一些书，让她读给我听。于是我就知道了世界上有一个“卖火柴的小女孩”，有一个“稻草人”，小小和我一样寂寞，永明有个紫衣姐姐。那年我5岁。

上小学后，我就不加选择地读能够到手的一切书籍，《爱的教育》的小主人公使我懂得了孩子原来不仅仅是父母无偿的索取者；《小妇人》让我感受到友谊和温暖的力量；叶圣陶告诉我是非善恶；冰心让我向往大海与诗意；张天翼的《大林和小林》使我初步想到了穷人和富人的关系……

歌声和蝴蝶结，红领巾和队鼓……柯岩多么羡慕新社会孩子拥有的童年。于是《帽子的秘密》《眼镜惹出了什么事情》《我们怎样消灭两分》《红领巾日志》……一首首诗歌、一出出儿童剧汩汩地从她的笔端流出，像花朵一般盛开在孩子们翻开的书页上。

为什么读书？柯岩答：“因为我追求精神生活。”

为什么写作？柯岩答：“生活中的是非美丑常常猛烈撞击我的心灵，使我不能自已地要拿起笔来，投入到生活的激流中去。”

走过70多年的人生，柯岩要感谢的还是生活。是生活使她写出《寻找回来的世界》《红蜻蜓》，是生活使她写出《周总理，你在哪里》《癌症≠死亡》，更是生活让她写出《“小迷糊”阿姨》《爸爸的眼镜》……以及现在这本《和“巨人”对话》。

20年前，柯岩为“天生的儿童文学家”任溶溶的《给巨人的书》重版作序，她称赞任溶溶给孩子写书的热情：“他是把孩子称为巨人的。‘给巨人写书，我报名’——这是他一直埋在心底的誓词。”20 年后，柯岩自己写了一本《和“巨人”对话》。其实，从 1955 年写作《儿童诗三首》开始，柯岩就踏上了给巨人写作的历程，在她的眼中、心中，孩子就是巨人，因为他们是未来世界的主人翁。

刊于《中国教育报》2002 年 8 月 15 日

魏德运：摄出你的神

魏德运：当代著名肖像摄影艺术家，高级心理咨询师。上世纪 70 年代末在新疆当兵，80 年代在陕西师范大学从事外事安全、教务及研究生管理工作。1996 年开始在北京、西安从事摄影创作与高校教学活动。

"出神啦！有神啦！"在按动快门的刹那，摄影师魏德运兴奋地喊了起来。他那时的姿势也许是趴着，也许是跪着……熟悉他的人，都叫他"魏疯子"。

他总是上红下白的穿着，冬天是红毛衣，夏天是红T恤，一条白得耀眼的裤子，使他不高的身躯从浓重的光影中跳脱出来。他的身后，是季羡林、张岱年、金克木、邓广铭、钟敬文、启功、霍松林、李政道、田家炳、多明戈、艾莉森·F·里查德……的大幅肖像。在光影的勾勒中，这些人物呼之欲出。无论是文化名流、大学校长，还是艺术家、政界高官，在魏德运的镜头里，都焕发出独有的神采。用凝固的影像展现一个人的精神世界，这些鲜明地打下魏氏烙印的摄影作品被专家赞为“写魂”。

有人说魏德运端相机的姿势酷似端枪的战士。当过兵的魏德运的确视相机为武器，他说：“我存在的价值，在于用手中的相机去发现被人们自身忽略和遗忘的美，为人们的生活提供一点慰藉精神的力量。”他说话时会不自觉地眯起左眼，仿佛时刻做好“对准焦距”的准备。

刻骨铭心的遗憾让他端起相机

一只活泼的小猫，一位祥和的老者，《季老与猫》这幅摄影作品于瞬间捕捉到季羡林这位文化老人的精神气象。这张照片是季羡林生前最喜爱的影像，也成为魏德运的代表作。对于拍摄者来说，也许要感谢机遇的垂青。但是，不得不承认，能够捕捉到这个瞬间的，绝对是有准备的头脑和善于发现美的眼睛。

对一个人的选择，我们往往会追根究底，因此，所有采访魏德运的人，第一个问题一定是“你为什么拿起相机”。母亲和照片的故事，于他已经烂熟于心，但每讲一次，他对摄影的感情和认知便深刻一分。

魏德运 14 岁时母亲去世，家里却找不到一张可以作为母亲遗像的照片，最后只好从一张好几十人的合影里把母亲小小的人像挖下来。这种刻骨铭心的遗憾让当时读初中的魏德运暗暗地为自己定下一个目标：学习摄影，让身边的人都能有自己的照片。

中学时，魏德运喜欢钻研，尤其爱琢磨光学原理，对光圈、速度、曝光等摄影常识都有一定的了解。哥哥帮他从厂里借来一架“华山”牌相机，他自己则用省下的零花钱买胶卷、相纸，还自造了“晒相机”。

当时西安没有几家照相馆，照一张一寸的小照片也得跑到城西的西安照相馆。所以魏德运不愁找不到“模特”，同学们都愿意找他给自己拍照。借来的相机很快就得还，所以装上一卷 135 胶卷就赶紧呼朋唤友地照。没有相机的日子里魏德运就像失去枪的战士，他总是想方设法借来相机满足自己的拍摄愿望。

除了摄影，魏德运还是一名运动健将。初中二年级，他作为校队的撑竿跳队员，参加省里的比赛。别看他个头不高，但身体灵活，弹跳力好，又肯吃苦，这使他跳过了 2 米 2 的高度（当时省少年队的最好成绩也不过 2 米 4 左右）。他分析自己取得成绩的原因，除了顽强，善于观察和分析也是重要因素。哪个高度试跳，哪个高度免跳以保存体力，他对自己体力和竿的高度的判断相当精准，而这种观察力和判断力在一定程度上提升着他对相机镜头里的世界的把握。

1976 年，魏德运报名参军，本来体检、政审都合格了，但发榜时却是村党支部书记弟弟的名字。他知道自己被人顶了，感到不公平，就去找接兵的领导，说自己会踢球，会照相。接兵的一位罗连长、一位穆排长，说：那你给我们拍个照看看。魏德运记得那天下了很大的雪，他跑去找人借了架海鸥双镜头相机，带罗连长和穆排长到附近的兴庆公园照相，他拍得很尽兴，两位领导看这小伙子照相一副行家模样，再看洗出来的照片，更加赞不绝口。

靠摄影的本事入伍参军，这让魏德运对自己的摄影技术更加自信，同时也让他坚信，遭遇不公平的时候，怨天尤人没有用，要靠真诚和能力去争取。许多年后，当他被誉为“真正的摄影家”而被高校请去作报告、办巡回展览时，他也常常用自己的亲身经历把这个道理讲给大学生们听。

在部队，魏德运是个“想当将军的士兵”，在训练和比武中屡获嘉奖。因为跑得快，他得了个“兔子腿”的绰号，因为常到司令部借相机给战友拍照，这个做事认真的一班长“在司令部很有名”。

许多年后，魏德运因人物肖像摄影被人关注，人们尤其惊讶于他对光影出神入化的运用，并将他的摄影与有光影魔术师之称的荷兰绘画大师伦勃朗的作品相提并论。其实，早在魏德运听说伦勃朗的名字之前，他已经在新疆的军旅生涯中，从汽车卷起的尘土、从飞机的快速俯冲、从广袤原野的漫天飞雪中，用他近乎神赐的艺术感受力，感悟着他用眼、用心捕捉到的生动光影了。

魏德运的母亲是个心灵手巧且心地善良的女性，她补的衣服针脚细密，没人比得过；她扎的纸花，牡丹、芍药、菊花……朵朵栩栩如生。母亲曾于一个寒冷的雪夜救过一位临产的妇女；街坊四邻谁家有难处，她也总是热心帮衬。“我长得像母亲，肿眼泡、白麻子……性情也像母亲，你看我看上去粗粗拉拉，其实心里很细腻、很静。”母亲的相貌和品格就这样渗透进了他的血液。

而西安丰厚的地域文化对生于斯、长于斯的魏德运可能就像雨滴落入大海，是一种天然的浸润，老城墙，兵马俑，家门口的石板路……都自觉不自觉地被他领悟，给他滋养。

1980 年魏德运从部队复员，他放着当时让人眼红的公安局不去，到陕西师大校长办公室做了一名负责外事安保的工作人员，这样的选择，目的是“在文化环境中充实自己”。

“在专家楼，我一有时间就去图书馆，看外文摄影杂志。我看不懂英文，但凭自己的理解去体会那些图片的含义，没想到，让懂英文的老师帮我一翻译，我的理解常常与原文的意思吻合。”魏德运从那时开始，接触到西方的绘画和摄影。“我认为自己最聪明的一点是善于吸收别人的精华。”说起自己，他常常并不谦逊，但他的这种“聪明”从其不断提高的摄影技艺中的确不难看到。

也是在那个时候，每月工资 39 块 5 的魏德运，拥有了自己的第一架照相机——攒了很长时间花 200 块钱买的二手海鸥 DF-2 标头相机。

没有皱纹的人生是不值得过的人生

魏德运的博客上有一篇文章——《没有皱纹的人生，是不值得一过的人生》。他写道：有皱纹的面孔就像一本厚厚的百科书，叫人永远也看不厌，越读越有兴趣。男人的一生就应该纵横山水、浪迹江湖，披星戴月、栉风沐雨。

1996年，年届不惑的魏德运放弃安稳的工作，告别家中妻儿，一人、一相机来到北京追寻他心中的摄影艺术，也追寻他所向往的纵横山水的人生。

在陕西师大工作的日子，他总是愿意与那些博学的老先生接近。24小时在专家楼工作，也使他走近各学科领域的老专家、老教授成为可能。他尊重他们的人格，仰慕他们的才华，同时也为他们不能享有如外国专家那样优越的待遇而不平。在一定程度上，他日后将为老先生"造像"作为主攻方向，与那时积下的"敬老"情结不无关系。

说到皱纹，不能不提魏德运为散文学家侯雁北拍摄的肖像。画面上，一张布满皱纹的面孔沧桑而坚毅，正如侯本人所说："我知道我这种神态，多年来只在夜阑更深的时候，只在想起一桩桩往事的时候，只在想哭、想笑、心潮澎湃、思接千载的时候才偶然出现。我的这种神态，只有我才心领神会。"然而就是这深藏于老先生内心深处的情感，却被魏德运捕捉到并入木三分地表现出来。

所以，看魏德运的作品，人们往往会情不自禁地赞叹："神了！"

擅写散文的女医生老城如此评价魏德运调动拍摄对象情绪的本事："人的情感就像一口装满衣服的箱子，人们往往把经常穿的衣服放在上面，而箱子底压的是祖母留下的旗袍，那上边有无尽的酸甜苦辣无法向人昭示。小魏却能把别人情感的箱子刨个底朝天，漫不经心地将放在上面的快乐搁在一边，却翻出了那份藏在心灵深处的忧郁。"

自从在电视上见到哲学泰斗张岱年，魏德运就一直想要将自己的镜头对准他。“他的面容很中国、很古典，像老派的文人，又像普通农家一位敦厚的家长。”魏德运从老先生的面容中读出了蕴含的沧桑和智慧。

1996年9月的一天，魏德运走进了张岱年的家。一进门，他看见张老坐在轮椅里，手捏着书本沉思不语，就像一个耕种的老农坐在田坎上，望着自己即将收获的庄稼。“这种意象刹那间进入我的脑海，我感觉只有在这位哲学老人身上，才有这种超越时空的东西。”魏德运以一个肖像摄影家的专业眼光打量他，发现老人须发皆白，但满头银发向后梳理得一丝不乱，双目有神，几根寿眉高挑于眉梢，眼角额头皱纹舒浅。老人的背有些佝偻了，烈士暮年，夕阳晚照，张岱年先生的确老了。

当天拍照的情景，在魏德运的记忆中仍然历历在目：“老人扣好颏下的领扣，挺直身子，欣然接受我的拍照。我原本想拍摄一张张老在书堆里，被他的书包围的照片。我一个小时又一个小时地观察他，慢慢地，我放弃了这种想法，因为我感觉到这样的哲学老人，书只是他生命辅助的部分，心灵才是他的一切。于是我将镜头毫无保留地对准他的脸庞，让他这张独具特色的脸，向世界阐明他的一切。我从张老的侧面，利用台灯反射过来的一束微光，在自己不敢肯定技术上是不是可能，但感觉认为非如此不可的情形下，按下了快门。”

还在陕西师大工作的时候，魏德运常找中文系教授卫俊秀聊天。老先生擅长行草，深得傅山书法三昧。魏久闻其名，对其景仰有加。跟老人聊熟了，便拿出相机为老人拍照。“有一次，天气不太好，但是想拍照了。我跑到他家，他正要出门，我说你到阳台上，他要摘帽子，我说不用摘。于是就用现场光给他拍了几张。照片出来后，老人对我说：‘你拍的照片轻易不要让人看，也轻易不要给人照，他们看不懂。’见我不解，他充满玄机地说：‘你把人的神抓住了。’”

罗丹说：“最纯粹的杰作是这样的，不管是形式、线条还是颜色，都找不到了，一切都融化为思想和灵魂。”

魏德运从小就爱看心理学方面的书，喜欢观察人、观察环境。“我从来不试图掩饰人物的生理缺陷，因此那些疤痕、皱纹在画面上来得分外耀眼，就是这种让一些人觉得不适的真，在我看来，比众人眼中的完美更有意味，也更有吸引力。”这就是魏德运的摄影美学。

说来也许许多人都不相信，魏德运 2000 年之前的摄影作品都是用他那架普通到“寒酸”的海鸥相机完成的，但每一幅肖像都质感丰富，摄出了人的神魂。

脖子上挂着相机的心理咨询师

非科班出身的魏德运，也许说不出太多摄影的理论流派、专业名词，但他凭借出众的艺术感受力和对“崇高”的景仰，走进“大文化人”的精神世界，并以独特的镜头语言对其进行刻画。

“为大文化人写魂，仿佛穿行在高山大川之间，有看不尽的学人风采、学界风光。”他自言是个善于汲取智慧、综合信息的人，从饱经沧桑的文化大家所经历的艰辛磨难、领悟的人生哲理中，不断地为自己描画生命的坐标。

说起话来口若悬河，留着长至肩头的艺术家发型，魏德运给人的第一印象是“这人挺神”。更令人吃惊的是，他说几年前就考取了“高级心理咨询师”资格证书。摄影和心理咨询似乎八竿子打不着，然而魏德运“语出惊人”，提出肖像对人的精神具有三大功效：肖像的精神治疗法、肖像的精神发展法、肖像的精神传承法。“从宏观来说，肖像可以延续民族精神；中观上，是家族血脉的延续；微观看，透过肖像，可以加深对自我的认识并增强自信。”

他的理论听起来也许有点“玄”，但自 2004 年走进高校，为大学生开办《走近崇高——为“大文化人”写魂》讲座和巡回摄影展开始，他已然将“讲述肖像背后的故事，用自己感悟到的文化名人的文化品格感染大学生”作为自己的责任。

多年在大学工作的经历使魏德运对大学生有比较深的了解，他了解他们的困惑，了解他们的需求，并了解用什么样的方式和态度讲他们才容易接受。他讲的已远远超出摄影艺术的范畴，讲得更多的是如何抗压、前途规划、人生应对……他不讲大道理，而是讲一些大实话、小故事，达成与大学生的零距离交流。他常常口若悬河，手舞足蹈，恨不得把自己获取的信息、领悟的道理毫无保留地告诉大学生们。

在校园里，他也发挥了善于观察的优势和热情助人的品格。有一次，他看见一个坐在秋千上发呆的女生，便问她为什么不去上课。女生说，老师讲得没意思。在交谈中魏德运了解了这个女生的苦恼：家庭条件优越，父母管得太多，没有个人空间，跟同学相处不好，对生活失去信心……于是，魏德运多次开导她，并找到她同宿舍的同学了解情况。

没架子，讲的东西有意思，许多学生对魏德运都是这样的印象。

魏德运19岁的女儿笑笑也是一名大学生，她说，虽然没听过爸爸的讲座，但感觉大学阶段的人确实需要健康向上的声音的激励，而且很需要学业以外的更开阔的思考。

除了拍摄文化人，老红军也是魏德运的拍摄对象，因此，他把自己命名为“红色摄影家”。2006年10月，《铁流向前——魏德运眼中的红军老战士》在首都博物馆展出之后，应邀在清华大学续展。其中一件事让魏德运颇为感慨。

当时有十几位理工科博士参与布展，然而在三天的布展中，他们忙完之后便聚在一旁聊天，几乎没有凝神看过他们挂上去的摄影作品。“你们怎么不看看这些照片呢？”魏德运感到纳闷，便心直口快地问。博士们有点不好意思，但还是如实相告：“红军啊，他们离我们太遥远了，跟我们有什么关系呢？”魏德运意识到，这些年轻人尽管专业知识丰富，却并不完全理解这些老红军出生入死、为理想奋斗的精神，也不能用艺术的眼光去欣赏老人们于瞬间展现的精神世界。于是，他便讲开了他拍摄这些老红军的场景：“为96岁的老红军杜义德拍摄肖像时，由于老人在战争年代大脑负过伤，加上年事已高，当时已是时而清醒时而糊涂。当工作人员把他扶上轮椅后，我帮他回忆当年冲锋陷阵的情景，并大声喊道：敌人来了，冲啊！刹那间老人抬起了头，睁圆了眼睛，精神抖擞，犹如又回到了那段激情燃烧的岁月。我在这时按下了快门。”博士们不由得把目光转向那些虽已衰老却因为一种精神力量的支撑而显现出动人光彩的老红军的肖像。魏德运就这样无论何时都不忘向年轻人传递积极向上的价值观。

在价值多元的今天，许多人躲避“崇高”、解构“崇高”，魏德运却执著于“走近崇高”，并希冀用这种情怀感染今天的年轻人。他认为，崇高是一个美学概念，又是一种道德文章的极致，达到不易，但也并非不可企及。他相信，只要心怀崇高，无论是事业上的追求，还是道德上的完善，都是可以达到或接近的。

魏德运除了是一位“好为人师”的摄影家，还将视觉素养教育纳入自己的研究视野。随着多媒体和互联网的出现，视觉信息日益激增甚至泛滥，这种信息冗余、视觉污染使人们感到无所适从。他认为，在这种背景下，急需对学生进行视觉素养教育，用高品位的视觉文化影响他们，应教学生批判地看待视觉信息，多一种视角看待大众传媒，以形成辨识视觉信息的能力。

真诚、执著、坚持——这是女儿对魏德运的概括。而魏德运尤其珍视自己靠真诚获取的关心和支持，他感谢所有鼓舞和激励他为传承民族文化而不懈创作的人们。

拍摄精神肖像，以肖像精神感染人。魏德运告诉记者，中国德运东方肖像艺术馆正在筹备。他希望用镜头记录一个时代的精神，并将这笔精神财富传给后人。

刊于《中国教育报》2010年1月23日

李鸣生：星空教我

李鸣生：当代著名作家，中国报告文学学会副会长。主要作品有“李鸣生航天七部曲”、“李鸣生‘走出地球村’系列丛书”（7卷）、《李鸣生文集》（16卷）等。作品曾获三届鲁迅文学奖、三届国家“五个一工程”奖、三届全国优秀报告文学奖，以及中国图书奖、中国三十年优秀报告文学奖等。

从杭州参加完中秋诗会回来，李鸣生决定不再写诗了。“看了那么多好诗，我觉得我写的就是狗屁！”那大约是1983年，已经开始发表诗歌的李鸣生受邀出席在杭州举办的诗会，他在那里受到了众多文学青年前呼后拥、请求签名的拥戴，还被一所大学请去作了一场文学报告，“要命的是，我不知天高地厚地真去讲了”。说起年轻时的这段经历，被称为“中国航天文学第一人”的中国报告文学学会副会长李鸣生笑了。

“他永远双肩高耸、仰头挺胸，做出拔地而起的姿势。”有人这样描写这个四川籍小个子作家。没错，在西昌卫星发射基地，在汶川地震灾区，在作协大楼十层会议室召开的“李鸣生航天七部曲”作品研讨会现场……这位三次获得鲁迅文学奖的报告文学作家就是以这样的姿态，采访、记录、倾听、思考着。

今年（2016年）是中国航天创建60周年，李鸣生家乡的四川天地出版社推出了250万字的“李鸣生航天七部曲”。书的腰封上赫然印着“独立立场、独立人格、独立思想、独立写作”16个字，仿佛是一个宣言，为这位作家从陆地到太空的文学远征作了批注。

尽管来北京生活很多年了，李鸣生的身上仍有一股浓郁的“川辣味儿”，这不仅是因为他的“川普”口音，还有他直言快语的说话风格。

宇宙是可以理解的

王　珺：不久前在成都举行的“航天七部曲”新书发布会上，作家阿来从您在西昌卫星发射基地15年的经历，以及您作品中呈现的俯瞰视角，联想到写《小王子》的法国作家安托万·德·圣–埃克苏佩里。您的这种视角是怎么形成的？

李鸣生：可以说是我15年浸泡在发射场练就的，也可以说是上帝馈赠的。少年时我就喜欢读屈原的《天问》，15年的发射场生活，使我比一般人更有条件看到天空，也更有机会随着火箭卫星的一次次升腾，对我们居住的这个星球以及顽强地活在这个星球上的同类进行立体思索，从而使我获得了一个与众不同的审视世界的角度。

王　珺：通过这个视角，您理解的宇宙是怎样的？

李鸣生：1957年，人类的第一颗人造卫星上天，这一伟大壮举恰好证实了爱因斯坦那句名言："宇宙中最不可理解的事，就是宇宙是可以理解的。"人造卫星上天这一伟大壮举向人类展现的，已不再是一个事实的世界，而是一个无限可能的世界。

王　珺：您把对宇宙的这种理解带进了"航天七部曲"的写作中。自上世纪80年代，您对中国航天进行了长达30年的跟踪采访与写作，动力来源于哪里？

李鸣生：我最早的理想是念大学中文系，然后当作家。但高中毕业时赶上"文革"，一些机缘让我穿上了军装，而且是在如今闻名天下的中国卫星城——西昌卫星发射基地当兵。

我正式的创作是从写诗开始的，后来转向写小说。1984年，我第一次在西昌卫星基地现场看到了卫星发射，那是科研人员经过14年的努力完成的人类与太空的对话，作为其中的一员，我的兴奋不言而喻。我在心里默默发誓，一定要写一部书，记录我所见证的这一幕。

王　珺：有评论家评价"航天七部曲"是航天史诗，也是国史的一部分。对此，您怎么看？

李鸣生：怎么评价“航天七部曲”是评论家们的事情。我想说的是，我写航天，并不限于航天。我的作品中所表达、折射的主题和内容具有极大的包容性和辐射力。一个民族的历史总要有人记录。航天历史是人类最惊心动魄、神圣伟大的历史，而中国的航天历史则是其中重要的组成部分。作为从发射场走出来的作家，我记录这段历史，既可以说责无旁贷，也可以说非我莫属。

宿命般的星空情结

王　珺：在“航天七部曲”中，您用了1992年写的《天空让人想起使命》作为代序。为什么用一篇旧文章？

李鸣生：这篇文章是我1992年出版的第一部长篇作品《飞向太空港》的后记。之所以拿出来作序，一是文中的一些观点在今天看来不仅不过时，甚至还是超前的；二是我感觉自己那个时候如此纯净，真是以一颗赤子之心写出了我对星空刻骨铭心的爱恋。

王　珺：童年就有了解太空的愿望？

李鸣生：了解太空可能是人类与生俱来的梦想。儿时的天空在我的眼里像本童话，3岁时，我想吃奶了，就跑到路口望着黑色的远方苦苦盼望着母亲归来。后来我睡着了，再后来又醒了，我睁开眼睛，看到了一个从未看到的世界：迷迷茫茫的夜空，像个好大好大的锅盖；一颗颗挂在上面的星星，就像母亲的奶头。

王　珺：天空给您的创作带来了灵感？

李鸣生：确切地说，天空带给我的是哲学思考，以及对人类、自然、宇宙的追问。刚入伍的时候特别苦，每天早晨四点钟起床烧水，之后是搬石头、挖山洞。但这种苦对我来说算不了什么，我不能忍受的是精神的痛苦。那时的西昌发射场还是一片荒凉，除了《解放军文艺》等几本杂志几乎找不到什么书看，这对作家梦未泯的我而言太痛苦了。在荒凉的大山里，在一个个孤独苦闷的春夏秋冬，有足够理由让我坚持活下去的，就是天空！

记不清有多少个失眠的夜晚，我靠在岩壁或躺在草丛中，望着星空犯傻：悠悠时空，人类从何而来？茫茫宇宙，人类又将何往？这天，这地，还有这人，究竟是怎么回事啊？我想办法找到一些西方哲学书来看，这对我对世界、对人的理解产生了很大影响。这也可能是我后来在作品中，不断打破科技题材写作的思维模式、冲破禁区最原始的动力。

王　珺：您曾经说，在通向宇宙的路上，航天人的每个脚印都远比总统伟大。

李鸣生：对，这是我对航天人价值的肯定。我相信，人类飞天的梦想，一定是注视天空的结果。人之所以为人，就在于敢向陌生、敢向无知、敢向神秘、敢向任何不可能进发的领域进发；就在于敢用智慧和力量去寻找、创造一个新的家园。

“我为苍生说人话”

王　珺：您的作品无论是写筚路蓝缕、宵衣旰食的科学家，还是汶川地震灾区的普通民众，都让人看到“人的精神”。您是如何理解这种情感的？

李鸣生：印象中，我最初对底层百姓产生明确的同情是在18岁。当时在一处工地劳动，遇到一位中年妇女，家中上有年迈的父母，下有未成年的孩子，一家每个月的收入仅有8元钱。我家虽然不富，但吃穿不愁，当时就惊讶竟然还有这么困难的百姓！一种要为老百姓说话的朴素情感就这么产生了。这也成为我日后对自己写作的要求：写真相，说真话。

王　珺：我看到您的微博上写了一句话："我为苍生说人话"。最近发布的几条微博关注的也都是近期发生的一些民生事件。汶川地震后，您六赴灾区，作为作家，您觉得自己必须在场？

李鸣生：我觉得我必须去。在强行冲进北川后，我住灾篷，爬深山，进坟场，探医院，经历了十多次山洪暴发和上百次大小余震，两次与死神擦肩而过。但我觉得值，因为采访了几百个灾民和救援者，抢拍下近万张照片，用4个月写完了25万字的书稿，最近又刚刚出版了写汶川地震的《后地震时代》。

王　珺：您因这部《震中在人心》获得第五届鲁迅文学奖，也是第三次获得这个荣誉。在纪念汶川地震八周年之际，您又出版了《后地震时代》，从采访到写作，经历了怎样的过程？

李鸣生：没有到过那个现场，就不能理解什么是天崩地裂，什么是惨绝人寰。良知告诫我，对汶川大地震的写作，必须以诚实的态度面对13万平方公里的废墟、500万苦难的苍生、10万个被毁灭的生命；必须揭示灾难的真相和灾民的精神创伤；必须表达灾民的哭声与泪水、祈求与愿望！不能回避，不能粉饰。

王　珺：评论家李建军评价您在对真实性的追求上，像农民一样一丝不苟。

李鸣生：在文学这个大家族中，几乎找不到任何一种文体像报告文学这样最公开、最直接、最尖锐地面对社会和现实的挑战，同时还要面对作家自身的挑战。它挑战的是社会最敏感的神经、现实最残酷的伤痕、权贵最阴暗的虚假；同时挑战的还有作家的人格与思想、良知与底线！

王　珺：在您的写实叙事中，我们总能读到一种说真话、写真人、留信史的自觉。您近期在着手什么创作呢？

李鸣生：应该说从2008年后，我从“天上”回到了“人间”，即是说，我开始关注中国法治等许多现实问题。

刊于《中国教育报》2016年5月13日

后记　期待在生命的深处与“人”相遇

许多年前，我曾经采访过一个叫黄思路的大二女生，她因写作、出书而少年成名，和韩寒一起上过电视。写她的报道见报后，她给我打来电话说，她和她妈妈都觉得这篇是把她写得最像的一篇。我不知道这对采写者来说算不算最好的评价，我只知道，许多时候，我们采访别人就像瞎子摸象，写真、写好一个人物，很难。

“人”，一个简单的汉字，却有着丰富的内涵。我着迷于人的故事，喜欢从一个人的经历、言说探索其思想的轨迹，期待在生命的深处与“人”相遇。

这种愿望化作我在人物写作中的一种自觉追求。无论是最初做副刊编辑时采写文化人物，还是后来到《校长周刊》采写校长、教师，我总想摒弃那种符号化的、概念式的描述，而把自己感受到的“人”的温度用个性化的语言传递给读者。与文化人物相比，教育人物更难写。如何跳出传统的对典型人物“高大全”的写法，如何选取角度和叙述风格展现不同个体的教育情怀，如何让教育这本就与人息息相关的职业脱离文件语言刻板、僵硬的表达，如何把一个人物写得不仅让读者“信”，同时还能体现一点“达”和“雅”……在这样的追问中，我写出了一篇篇满意或不甚满意的人物报道。

事实上，作为采写者，在阅读别人的故事时，我们也在写着自己的故事，就如“你站在桥上看风景，看风景的人在楼上看你”。这十多年间，虽然我一直在中国教育报供职，但报道领域也在不断变化，从《读书周刊》到参与创建《校长周刊》，再到主编《深度新闻》《人物专刊》，及至最近五年主编《文化副刊》。无论岗位如何变化，我都没有离开对人的关注。这种有意或无意识的侧重或者说兴趣，使得我的写作有了一个焦点。

寻找对“教育”产生影响的人、被“教育”改变命运的人，希望以人物个体的悲欢遭际折射这个时代的进步、发展，抑或苦闷、彷徨，希望通过对他们的描摹、书写，记录一个时代。2009年至2011年期间，在人物写作方面的探索使我成为中国教育报新创办的《人物专刊》的主编，我以此为新刊的方向，对教育人物的写作不断突破。

我想我是幸运的，教育记者和编辑的职业使我有更多机会走近人：教育人、文化人。每个人都是一本书，采访者即阅读者。徜徉于不同人物的经历中，品味他们于各自领域的思考、感悟，我兴味盎然，乐在其中。

阅读一个人，就像打开一本书。本书收录的15篇文章是我在2004年至2016年发表于《中国教育报》上的人物专访。教育从来就不是狭义的，作为教育新闻主流媒体，我们的报纸立足于“大教育”，所以，我的采访对象中既有柳斌、魏书生、李吉林这样的教育人物，也有周有光、李鸣生、安东尼·布朗这样的文化人物。

十几年如白驹过隙，我从上一个本命年走到了这一个本命年，刊登早期文章的报纸早已泛黄变脆，当年写稿的电脑已了无踪迹，小采访机和微型录音带被扔在抽屉深处……这一切都令我怀疑，这些旧日的文字是否还有意义，是否已经散发腐朽的气息。而这，也正是这本薄薄的书稿屡屡被我搁置的原因。

新闻速朽，人却常写常新。本书中两篇对朱永新老师的访谈分别写于2004年和2015年。2004年采访他时，他还在苏州当副市长，他所领导的新教育尚处于童稚期；2015年采访他时，他已调任北京，身兼全国民进中央副主席、中国教育学会副会长等职，而新教育也已进入了充满生机的青春期。

文章和人一起走过时间。本书“下编”的受访者中，作家柯岩、中国粉末冶金学科奠基人黄培云、摄影家魏德运、“汉语拼音之父”周有光先后去世，令人唏嘘感慨：人，岁月，生活……

法国哲学家加斯东·巴什拉说：“记忆是心理的废墟，是回忆的旧货铺。”我却视记忆如珍宝，时常去捡拾美丽的贝壳。因为任何个人，都是独一无二的世界。每一个人生，都是一个看得见风景的房间。那一段段色彩斑斓的教育岁月、文化行旅，吸引我推开门，走进去观赏，带着对人、对命运的好奇和关切，以诚恳的态度，阅读、书写。

这是一本与时间对抗的小书。由于编辑工作繁忙，更多的日子里，我是在“为他人作嫁衣裳”中度过的。感谢本书的策划编辑朱永通先生，以最大的宽容忍耐我这只“慢蜗牛”；感谢顾明远先生以八十多岁的高龄，于百忙中为本书作序；感谢张文质老师在自己写作的间隙，细心通读我的文稿并作序；感谢我的前同事鲍东明教授的热情帮助；感谢陪伴我的家人对我的包容和爱。

这本小书也可以看作是作别时间的一个手势。挥手告别远去的日子，心里也许带着遗憾、不舍，但当新一天的太阳一如既往地升起，我依然愿意用笔，用心，用美丽的雪花写下：相信未来。

2017 年 4 月 27 日

图书在版编目（CIP）数据

相信教育，相信未来：14位中外名家访谈录 / 王珺著 .—上海：华东师范大学出版社，2017

ISBN 978-7-5675-6379-7

Ⅰ. ①相 ... Ⅱ. ①王 ... Ⅲ. ①教育—文集 Ⅳ. ① G4-53

中国版本图书馆CIP数据核字（2017）第071308号

大夏书系·对话名家

相信教育，相信未来

——14位中外名家访谈录

著　　者	王　珺
策划编辑	朱永通
审读编辑	张思扬
封面设计	百丰艺术

出版发行	华东师范大学出版社
社　　址	上海市中山北路3663号　邮编　200062
网　　址	www.ecnupress.com.cn
电　　话	021－60821666　行政传真　021－62572105
客服电话	021－62865537
邮购电话	021－62869887　地址　上海市中山北路3663号华东师范大学校内先锋路口
网　　店	http：//hdsdcbs.tmall.com

印 刷 者	北京密兴印刷有限公司
开　　本	890×1240　32开
插　　页	1
印　　张	5.5
字　　数	118千字
版　　次	2017年10月第一版
印　　次	2018年7月第二次
印　　数	6 101－8 100
书　　号	ISBN 978－7－5675－6379－7 / G·10298
定　　价	32.00元

出 版 人　王　焰